상타는
초등
글쓰기

상 타는 초등 글쓰기

지은이 안부영
펴낸이 정규도
펴낸곳 (주)다락원

초판 1쇄 발행 2022년 1월 10일
초판 2쇄 발행 2024년 4월 15일

총괄책임 허윤영
기획편집 김은혜
디자인·전산편집 고희선

다락원 경기도 파주시 문발로 211
내용 문의: (02)736-2031 내선 522
구입 문의: (02)736-2031 내선 250~251
Fax: (02)732-2037

출판등록 1977년 9월 16일 제406-2008-000007호
Copyright © 2022, 안부영

저자 및 출판사의 허락 없이 이 책의 일부 또는 전부를
무단 복제·전재·발췌할 수 없습니다. 구입 후 철회는 회사 내규에
부합하는 경우에 가능하므로 구입 문의처에 문의하시기 바랍니다.
분실·파손 등에 따른 소비자 피해에 대해서는 공정거래위원회에서
고시한 소비자 분쟁 해결 기준에 따라 보상 가능합니다.
잘못된 책은 바꿔 드립니다.

www.darakwon.co.kr

ISBN 978-89-277-0153-8 73710

책을 쓴 안부영 선생님이 전하는 말

여러분, 글을 잘 쓰고 싶나요?

글쓰기도 연습하면 늘어요!

국어 시간에 글을 써 본 적이 있을 거예요. 내가 쓴 글을 선생님, 친구들이 보고 재미있어 한다면 기분이 좋죠. 이렇게 열심히 쓴 글로 대회에 나가 상을 받는다면 훨씬 더 기쁠 거예요. 글을 잘 쓰고 싶나요? 그렇다면 연습이 필요해요.

계산을 잘하려면 구구단을 계속 외우고, 3과 7, 4와 6처럼 10이 되는 수를 잘 외우면 됩니다. 이렇게 자꾸 외우다 보면 어느 순간 저절로 계산할 수 있게 되기 때문이지요. 여러분, 혹시 글쓰기도 수학에서 계산하는 것처럼 매일 꾸준히 연습하나요? 그런 학생은 많지 않을 거예요. 하지만 수학처럼 매일 꾸준히 연습하면 어느 순간 멋진 글을 쓸 수 있게 됩니다.

많은 부모님이 책을 많이 읽으면 글을 잘 쓸 수 있다고 합니다. 이것이 틀린 말은 아니지만 또 맞는 말도 아닙니다. 책을 많이 읽으면 여러 가지 표현 등을 잘 알게 되지요. 하지만 그것만으로는 전체적인 흐름에 맞게, 사건이 잘 드러나게 글을 쓰게 되지는 않습니다. 매일 꾸준히 글쓰기 연습이 필요한 이유가 바로 여기에 있습니다.

뚜렷한 목적을 가지고
글을 쓰는 게 중요해요!

여기서 잠깐. 그냥 시간을 들여 쓰기만 하는 것이 아니라 이 연습을 왜 하는지 '목적'을 가지고 하는 것이 중요합니다.

예를 들어, '나는 글쓰기를 잘 하고 싶어'라고 생각하는 어린이와 '나는 동시를 잘 쓰고 싶어'라고 생각하는 어린이 중 누가 더 빨리 발전할 수 있을까요? 두 사람이 매일 똑같이 연습을 했다면 '나는 동시를 잘 쓰고 싶어'라고 생각하는 어린이가 더 글을 잘 쓰게 될 거예요. 왜냐하면 마냥 잘하고 싶다는 마음만으로는 어떤 것을, 어떻게 연습하는 것이 중요한지 알지 못하지만, 뚜렷한 목적을 가지고 연습을 하면 꼭 필요한 내용을 마음속에 담고 연습에 그것을 반영하기 때문에 더 좋은 글을 쓸 수 있는 것이죠.

'나는 동시로 사람들에게 감동을 줄 거야!'라고 마음먹고 시를 써 보세요. 그리고 동시 대회에 참가해 보세요. 분명히 좋은 결과를 얻을 수 있을 겁니다. 선생님은 여러분이 자신감을 가지고 여러 글쓰기 대회에 도전할 수 있도록 등을 밀어 주기 위해 이 책을 썼습니다. 그러면 어떻게 연습하면 좋을지 지금부터 하나씩 설명해 줄 테니 따라오세요!

자신 있게 소개하는 이 책의 구성과 특징

글쓰기 단계에 따라 스스로 연습할 수 있어요

일반적인 글쓰기 교재와 달리 이 책은 초등학생이 글쓰기 대회에서 우수한 성적을 거두기 위해 무엇을 알고, 어떻게 연습해야 하는지를 알려 주고자 합니다.

그래서 글의 종류에 따라 과정을 단계별로 나누고, 각 단계에서 글을 잘 쓰는 방법을 예시를 통해 보여 주고 있습니다. 그냥 '이렇게 저렇게 쓰면 잘 쓸 수 있어요'라는 말로만 끝나는 것이 아니라 잘 쓴 것과 그렇지 않은 글을 구별하면서 어떻게 글을 써야 상을 받을 수 있을지 어린이 스스로 이해할 수 있게 구성되어 있어요. 또 예시에 맞추어 단계별로 써 볼 수 있어서 체계적인 연습이 이루어집니다.

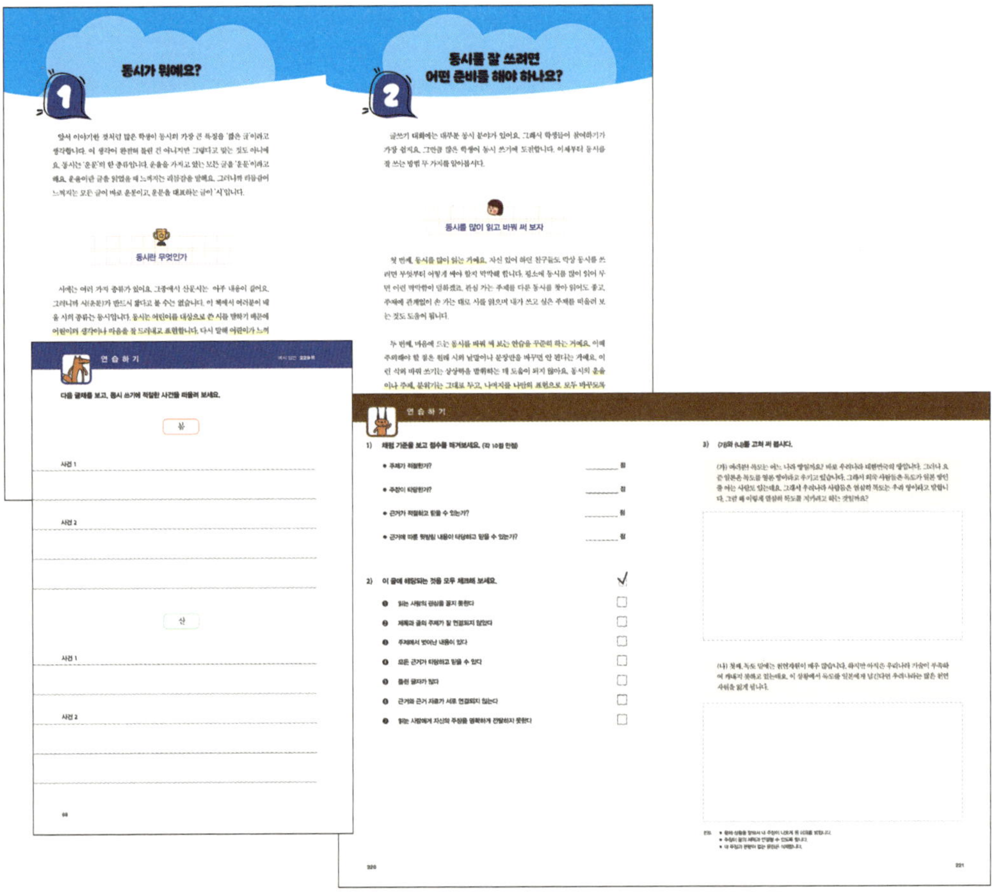

2 목적을 이해하며 연습할 수 있어요

이 책은 글쓰기 대회에 참여하기 수월한 동시/생활문/독서 감상문/논설문 네 가지 종류의 글을 잘 쓸 수 있는 실제적인 방법을 담고 있어요. 각각의 글에는 어떤 특징이 있고, 다른 종류의 글과는 어떻게 다른지 알려 주고 있습니다.

또한 동시/생활문/독서 감상문/논설문 네 분야에서 각각 어떤 점을 돋보이게 써야 하는지 심사 관점 등을 상세하게 소개합니다. 그래서 이 책을 따라 연습하는 동안 놓치면 안 되는 부분을 계속 떠올릴 수 있어요. 그렇게 하면 실제로 대회에 나가서도 연습했던 것과 다른 글제가 제시된다 하더라도 당황하지 않고 자신감 있게 대회에 임할 수 있게 됩니다.

3 실제로 대회에 나가려는 학생을 위한 책이에요

초등학생을 대상으로 한 글쓰기 대회에는 어떤 것들이 있는지, 어떻게 글의 내용을 구성하고 제목을 붙여야 하는지, 심사위원의 눈에 띄는 방법부터 절대 하지 말아야 할 주의사항까지 상세하게 소개하고 있습니다. 대회를 준비하는 사람에게 유용한 정보를 모두 담았습니다. 이러한 정보를 통해 어린이 스스로 연습을 해야 하는 목적이 생기고, 글을 쓰는 동기를 얻게 될 것입니다.

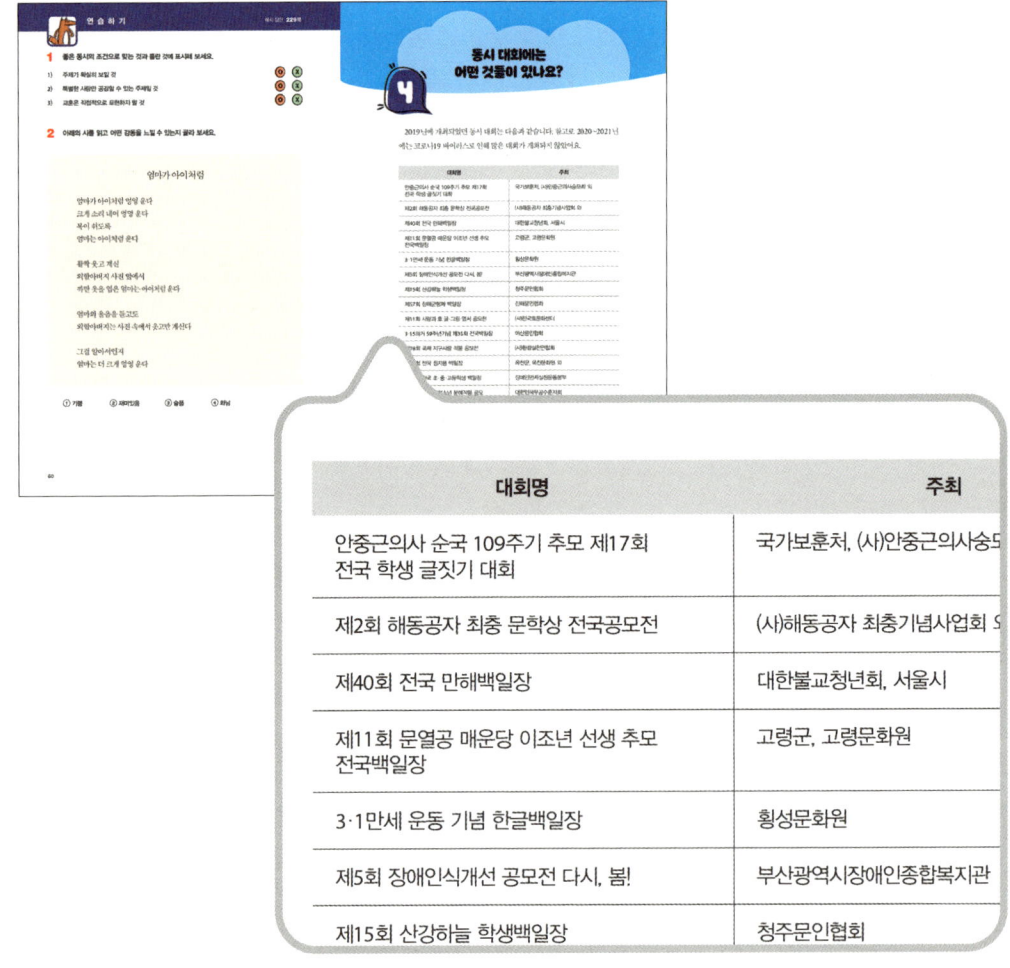

4 여러 학생의 작품을 보면서 느낀 점을 담았어요

저는 여러 학생의 작품을 보면서 '이 부분을 바꾸면 훨씬 좋은 작품이 될 텐데'라는 생각을 자주 했습니다. 제 경험을 바탕으로 심사위원의 기억에 남지 못하는 글의 특징을 분석했고 이 책에 그런 예시를 많이 담았습니다. 대회가 끝나면 대부분의 어린이들은 자신이 어떤 글을 썼는지 잘 기억하지 못해요. 그러다 보니 잘못된 점을 고치지 못하고 다른 대회에서 똑같이 되풀이하는 경우가 많아요. 이런 실수를 반복하지 않는 게 중요합니다. 이 책에는 심사위원의 기억에 남을 수 있는 작품과 그렇지 않은 작품의 특성에 대한 설명이 자세히 실려 있으니 꼭 참고하세요.

사단법인 새싹회에서는 〈새싹 전국 어린이 글짓기 대회〉를 매년 개최하고 있습니다. 동시와 산문, 만화 분야가 있으니 참여해 보세요. 새싹회의 홈페이지(www.isaessak.co.kr)에 가면 지난 수상작을 살펴볼 수 있어요. 이 도서를 만드는 데 새싹회, 서초구 양성평등활동센터와 인터넷 서점 YES24, 강원일보, 전라북도교육청에서 협조해 주셨습니다. 도움을 주신 모든 단체에 감사의 말씀을 전합니다.

학습 효과 더 높이는 활용법

1 ━━ 본격적으로 글을 쓰기 전에 설명을 반복해서 읽으세요.

글의 종류별로 심사위원들이 어떤 내용에 높은 점수를 주는지를 자세히 소개합니다. 공통적으로 통하는 부분도 있지만, 글에 종류에 따라 다른 부분도 있기 때문에 한 번만 읽거나 눈으로 대충 훑지 말고 여러 번, 자세히 읽고 연습하세요. 실제로 대회에 참가했을 때 아주 큰 도움이 될 것입니다.

2 ━━ 빈칸만 채우려고 하지 마세요.

하나의 내용이 끝나면 그 내용을 복습할 수 있도록 연습이 나옵니다. 이 부분을 채우면서 글쓰기 실력이 향상되는 것이죠. 하지만 그저 빈칸만 채우는 것은 의미가 없습니다. 내가 왜, 어떤 목적으로 연습을 하고 있는지 앞에서 배운 내용을 꼭 다시 떠올리면서 연습하세요.

3 ━━ 자신의 글을 모범 예시와 비교해 보세요.

연습한 것은 반드시 잘 쓴 예시와 비교해 보세요. 이 책은 모든 연습 과정에 모범적인 예시를 제시하고 있습니다. 잘 쓴 예시와 내가 쓴 글을 비교해 보면서 어떤 점을 더 고치면 좋을지 생각해 보세요. 그리고 모범 글을 따라 써 보거나 새롭게 바꾸어 보는 연습도 해 보세요.

4 ━━ 참가하고 싶은 대회를 정해 놓고 연습해 보세요.

내가 참가하고 싶은 대회를 미리 정해 보세요. 그리고 그 대회에 참여한다는 생각으로 이 책에서 소개하고 있는 내용을 따라 계속 반복해서 연습해 보세요. 선생님이 알려 주는 대회의 소재를 정하는 방식에 따라 내가 참여할 대회에 어떤 글제가 나올지 짐작하고 그 글제를 이용해 이 책의 내용을 계속 연습해 보세요.

나의 결심

나 _____ 초등학교 _____ 학년 _____ 반

_____ 은 이 책을 다 읽고,

_____

_____

_____

_____

나만의 목표를 정해 보세요. 거창하지 않아도 괜찮습니다.
실천 가능한 목표를 정하고, 그것을 이루게 되면 아주 뿌듯할 거예요.

예시) 이 책을 다 읽은 후에 동시 한 편을 써서 동시 대회에 출품하겠다
이 책을 다 읽은 후에 교내 독후감 대회에서 입상하겠다

책을 본 분들의 추천하는 말

이래서 이 책을 추천합니다

이수진 (대구교대 국어교육과 교수)

글쓰기가 중요하다는 것은 누구나 알지만 스스로 글을 쓰고 싶어서 펜을 드는 사람은 많지 않다. 어른도 이런데 초등학생은 말할 것도 없다. 요즘처럼 편리한 미디어와 흥미로운 콘텐츠가 넘쳐나는 시대에는 한 편의 글을 완성하기가 더욱 더 어렵다. 글쓰기는 필연적으로 고민과 시간을 요구하는 여정이기 때문이다.

이 책은 어린이가 글쓰기라는 여정을 떠나게 하는 강력한 동기를 제공해 준다. 또 그 힘든 여정을 헤쳐 나가는 나침반 역할도 해 준다. 좋은 필자로 성장하는 데 자신의 글이 인정받는 경험만큼 좋은 것이 또 있을까. 이 책에서 강조하는 다양한 글쓰기 대회의 목적과 취지를 파악하는 것은 자신이 어떤 글을 써야 하는지 인식하는 데 꼭 필요한 능력이다. 수상작의 수상 이유 분석 역시 고개가 끄덕여지는 내용이므로 꼭 참고해야 한다. 또한 이 책은 장르별 글쓰기의 특징을 예리하게 분석하여 글쓰기 능력이 부족한 어린이라도 연습을 하면 스스로 한 편의 글을 완성할 수 있도록 상세하게 안내한다. 즉, 일반적인 글쓰기 훈련의 역할도 충분히 해 주는 것이다.

이 책의 매력은 어린이의 시각에서 글을 읽고 어린이의 마음을 알아준다는 것이다. 각 장 도입부의 일기/편지글은 어린이의 심정을 제대로 표현하고 있어서 어른들도 꼭 읽어야 한다. 생활문에서 "선생님들도 쓰라고 하면 종이를 다 못 채우실 거면서 괜히 우리한테 저런다." 이 부분을 읽다가 피식 웃음이 나오며 뜨끔하였다. 내가 초등학생일 때 이런 책을 읽었다면 글쓰기 대회에서 상을 휩쓸었을 텐데..라는 괜한 생각을 하며 이 좋은 책을 더 빨리 출간하지 않은 저자를 탓해 본다.

이창근 (전주교대 국어교육과 교수)

지금까지 출판된 글쓰기 관련 책 중에서 '상 타기'를 제목에 내세운 책은 없었을 것입니다. 그렇다고 이 책이 대회에서 상을 받는 기법만을 소개하고 있지는 않습니다. 글을 제대로 쓰는 방법 역시 담고 있습니다. 장황하게 설명하지 않고 실제 글을 보여 주면서 잘된 부분, 부족한 부분을 쉽게 알 수 있게 안내하지요. 좋은 글과 그렇지 못한 글을 비교해 주기 때문에 설명이 쉽게 이해됩니다.

저도 예비 교사들에게 글쓰기를 지도할 때 '구체적인 방법을 가르쳐야 한다'고 말해 왔습니다. 그러나 그렇게 하는 뾰족한 방법을 찾지 못하고 있었는데, 이 책에는 그 해답이 제시되어 있었습니다. 이 책은 글을 잘 쓰고 싶은 학생들에게 큰 도움이 될 것입니다. 더불어 글쓰기를 지도하는 교사, 자녀의 글쓰기에 관심이 있는 학부모에게도 많은 도움이 될 것이라 확신합니다.

이재승 (서울교대 국어교육과 교수)

저자는 저의 오랜 제자입니다. 인연이 깊어 함께 세상살이하는 이야기도 나누고 가끔 고민도 주고받고는 합니다. 저자가 남자아이 둘을 키우며 늘 제게 하소연하는 것은 '글을 잘 쓰지 못한다'였습니다. 둘째 아이는 그래도 책 읽기를 좋아하는데, 첫째 아이는 도통 책에도 관심이 없다며 앞으로 서술형 평가를 어떻게 할지 걱정이라며 한숨을 없곤 했습니다.

그런데 어느 날 저자의 메신저 프로필에 상장 3개가 무더기로 올라온 것을 보았습니다. 자세히 살펴보니 세상에, 그것은 두 아이가 글쓰기로 받은 상장이었습니다. 글쓰기를 잘 못한다는 첫째 아들이 하나, 둘째 아들이 두 개를 떡하니 받았더군요. 물론 그 이후에도 두 아들이 글쓰기로 받은 상장이 여러 번 올라오더군요. 저자가 그렇게 고민하던 첫째 아이는 중학교에 가서도 글쓰기로 상을 받기도 하고요.

이 책이 다른 그 어떤 글쓰기 교재보다 유용할 것이라고 생각하는 이유는 바로 이 때문입니다. 이 책에는 저자가 두 아이를 지도한 경험과 실제로 학급에서 학생을 지도한 경험, 그리고 그것이 수상으로 이어진 경우를 분석한 것 등 실제적이고 유용한 내용이 고스란히 담겨 있습니다. 그래서 이 책은 상을 받기 위한 글뿐 아니라 어린이의 일반적인 글쓰기 능력과 생각하는 힘을 키우는 데 크게 도움이 되리라 생각합니다.

이지영 (경인교대 국어교육과 교수)

"글쓰기를 연습하니 잘하게 되어서 상을 받고, 상을 받으니 동기가 생겨서 글쓰기에 자신감이 생기고, 그래서 또 연습하고, 또 상을 받고, 그러다 보니 나는 작가가 되어 있더라."

이 책이 추구하는 방향입니다. 상을 받기 위해서만 글을 쓰는 것은 아닙니다. 그러나 글쓰기를 해서 상을 받을 수 있다면 더 좋겠지요. 두 마리의 토끼를 잡을 때입니다.

동시, 독서 감상문, 논설문은 초등학생이 참가하는 쓰기 대회의 분야이기도 하지만 초등학생이 배워야 할 분야이기도 합니다. 이 책은 각 분야에 따라 글을 어떻게 써야 하는지 설명해 줍니다. 이와 더불어 글쓰기 대회의 팁도 소개하고 있습니다.

예를 들어 논설문이 무엇인지, 대회에는 어떤 것이 있는지, 어떻게 써야 하는지를 과정 중심으로, 사례를 들어서, 전략적으로 소개하고 있습니다. 그리고 직접 글을 써 보는 연습까지 제시합니다. 이렇게 장르별 글쓰기의 노하우를 제대로 담은 책입니다.

글쓰기 대회는 여러분의 쓰기 실력을 마음껏 뽐낼 수 있는 도전의 장입니다. 교과서에서 단편적으로 배운 것을 한 편의 글로 완성하고, 다른 사람과 소통하는 좋은 기회기도 합니다. 여러분, 이 책에서 글 쓰는 방법과 대회의 팁을 배워서 글쓰기 대회에 도전해 보세요.

천효정 (동화 작가)

저는 초등학교 시절에 문예반이었습니다. 그때는 학교에서 성실한(또는 성실하다고 오해받는) 학생을 문예반에 들게 하는 게 흔했습니다. 제 의지와 상관없이 문예반에 들어갔으니 글 쓰는 일이 재미있을 리가 있겠어요? 싫은 걸 꾹 참고 연습해서 대회에 나갔는데, 상은 못 탔습니다. 그러니 글쓰기가 더 싫어지고, 실력은 엉망이 되는 악순환이었지요.

저는 그때 다짐 했습니다. 만약 내가 선생님이 되면, 절대 아이들에게 억지로 글을 쓰게 하지 않겠다고요! 꽤 오래 교사 생활을 하면서 그 다짐을 어느 정도 지키고 살았습니다. 덕분에 저처럼 글짓기에 지쳐버리는 학생은 만들지 않았으니, 다행이라면 다행입니다. 아무것도 하지 않음으로 무언가를 해냈다고 할까요.

그런데 말이죠, 종종 아주 '이상한' 학생도 있었습니다. 놀랍게도 누가 시키지 않아도 혼자 글을 쓰는 학생 말이죠. 이런 학생은 자기 글에 대해 어른들에게 적극적으로 의견을 묻기도 합니다. 각종 글짓기 대회에도 의욕적으로 참여하며 상 받는 것에도 욕심이 많습니다. 이 이상한 학생을 흔히 '글쓰기 영재'라고 부릅니다. 글쓰기에 있어 가장 큰 재능인 '자발성'을 갖춘 학생들이지요.

혹시 우리 반 학생 중에, 내 자녀 중에 이런 아이가 있나요? 그 아이에게 어떤 도움을 주어야 할지 막막하신가요? 그렇다면 저는 이 책을 추천합니다. 누가 시키지 않아도 스스로 즐겁게 글을 쓰는 모든 이상한 아이들에게는 꼭 상이 필요합니다. 왜냐하면 이 아이들의 목적은 상 자체가 아니라, 상을 통해서 자신의 글쓰기 재능을 확인하는 것이기 때문입니다. 글쓰기를 모험처럼 즐기는 학생에게 이 책이 맞춤 지침서가 되리라 기대합니다.

전제응 (제주대 교육대학 교수)

어떻게 하면 글쓰기를 잘 해서 상을 받을 수 있을까?

이 책은 이 질문에 답을 보여 줍니다. 안부영 선생님은 자신의 평소 글쓰기 지도 경험을 한 권의 책에 담아냈습니다. 이 책은 글쓰기 대회 주요 분야인 동시, 생활문, 독서 감상문, 논설문에 대해 상세히 안내하고, 기존의 수상작을 분석해 누구나 쉽게 따라 쓸 수 있도록 구성되어 있습니다. 글을 잘 쓰기 위해서는 모범 글을 분석하며 읽고, 직접 써 보는 연습이 중요하다는 저자의 생각이 잘 반영되어 있는 것이죠.

이 책은 학생들의 '쓰기 동기'를 높여 주는 유익한 자료입니다. '쓰기 동기'란 글을 쓰고자 하는 동기로 연구 결과에 따르면, 우리나라 학생의 쓰기 동기는 학년이 올라갈수록 낮아진다고 합니다. 즉, 쓰기 공부를 많이 할수록 글을 쓰지 않는다는 의미입니다. 쓰기 동기가 학생의 쓰기 행위를 촉발하고 유지하는 심리적 요인인 점을 고려하면 이렇게 쓰기 동기가 낮아지는 것은 문제인 것이죠. 비록 '상'을 받기 위해 글을 쓴다고 하더라도, 학생이 직접 글을 써 보는 활동은 중요합니다. 글쓰기 대회에서의 '수상'은 초등학생에게 평생 어떤 글을 쓴 작가로서의 자신감과 쓰기 동기를 높여 주기 때문에 더욱 소중한 경험입니다.

이 책으로 공부한 학생들이 글쓰기 대회에서 상을 수상하고, 미래의 필자로 성장하기를 기대합니다.

김대조 (동화 작가)

"글쓰기를 잘해서 어디에 쓰지?"
"작가가 될 것도 아닌데 글쓰기를 뭐 하려고 연습해?"
혹시 이런 생각을 하는 친구가 있나요? 이 질문에 정답은 아니지만 정답 같은 대답을 하자면 이렇습니다.
"글쓰기를 잘하면 살아가는 데 정말 많은 도움이 됩니다."
글은 작가만 쓰는 게 아닙니다. 수업 시간에 배운 내용을 정리해서 필기도 해야 하고, 일 년에 몇 번씩 글쓰기 대회에도 나가야 합니다. 어른이 되면 회사에서 각종 계획서와 업무 보고서도 써야 합니다. 좋아하는 사람이 생기면 멋지게 편지도 써야 하고, 억울한 일이 있을 때에 국민 청원 글도 올려야 합니다. 이럴 때 글쓰기 실력이 부족하면 난감합니다. 자, 이제 살아가며 글 쓸 일이 없다고 하지는 않겠죠?

타고난 글쓰기 천재는 모래밭에 섞인 다이아몬드만큼이나 드뭅니다. 천재가 아니더라도 누구나 글을 잘 쓸 수 있기도 하고요. 즉, 노력을 통해 충분히 실력을 기를 수 있는 것이죠.

이 책은 여러분들에게 그런 글쓰기 실력을 키워줄 것입니다. 이 책에서 동시, 생활문, 독서 감상문, 논설문 등 차근차근 여러 종류의 글을 잘 쓰는 방법을 익혀 보세요. 그러면 어느새 여러분 앞에 글쓰기 대회 상장이 떡하니 나타날 겁니다. 〈상 타는 초등 글쓰기〉가 여러분의 글쓰기 실력에 자신감을 불어넣어줄 겁니다. 글을 잘 쓰고 싶어 하는 모든 학생에게 이 책을 추천합니다.

차례

책을 쓴 안부영 선생님이 전하는 말	4
자신 있게 소개하는 이 책의 구성과 특징	6
학습 효과 더 높이는 활용법	10
나의 결심	11
책을 본 분들의 추천하는 말	12

1 공통 법칙

01	글쓰기 대회는 왜 열까요?	22
02	수상작에 답이 있어요	30
03	정보력은 중요해요	34
04	여러 방법으로 눈길을 끌어 봅시다	36
05	글쓰기 용어를 알아볼까요	39

2 동시

01	동시가 뭐예요?	46
02	동시를 잘 쓰려면 어떤 준비를 해야 하나요?	47
03	좋은 동시는 어떤 건가요?	54
04	동시 대회에는 어떤 것들이 있나요?	61
05	**동시 쓰기 1** 주제와 사건 찾기	63
06	**동시 쓰기 2** 줄글 쓰고 표현 고치기	69
07	이렇게 쓰면 안 돼요	76
	나만의 동시 쓰기	82

3 생활문

01	생활문이 뭔가요?	92
02	생활문을 잘 쓰려면 어떻게 해야 하나요?	93
03	생활문 쓰기 대회에는 어떤 것들이 있나요?	95
04	**생활문 쓰기 1** 감동적인 주제 정하기	97
05	**생활문 쓰기 2** 주제와 어울리는 사건 찾기	101

06	**생활문 쓰기 3** 특별한 소재 찾기	....	107
07	**생활문 쓰기 4** 특징 있게 시작하기	....	112
08	**생활문 쓰기 5** 여운 주며 끝맺기	....	122
09	**생활문 쓰기 6** 시선 끄는 제목 짓기	....	125
나만의 생활문 쓰기		....	130

4 독서 감상문

01	독서 감상문이 뭔가요?	....	138
02	좋은 독서 감상문의 기준은 뭔가요?	....	140
03	**독서 감상문 쓰기 1** 눈길을 끌며 시작하기	....	146
04	**독서 감상문 쓰기 2** 센스 있게 줄거리와 감상 섞기	....	151
05	**독서 감상문 쓰기 3** 마음에 콕 박히는 감상 쓰기	....	161
06	**독서 감상문 쓰기 4** 여운 주며 끝맺기	....	170
07	**독서 감상문 쓰기 5** 손이 가는 제목 짓기	....	176
나만의 독서 감상문 쓰기		....	178

5 논설문

01	논설문이 뭔가요?	....	186
02	논설문 쓰기 대회에는 어떤 것들이 있나요?	....	187
03	논설문은 어떤 순서로 쓰나요?	....	188
04	**논설문 쓰기 1** 납득되는 주제 정하기	....	190
05	**논설문 쓰기 2** 주제와 관련된 소재 찾기	....	194
06	**논설문 쓰기 3** 여러 방법으로 내용 더하기	....	199
07	**논설문 쓰기 4** 전문적인 근거로 내용 더하기	....	205
08	**논설문 쓰기 5** 평가 기준에 맞게 고치기	....	211
나만의 논설문 쓰기		....	222

정답 229

글쓰기 대회에서 상을 받고 싶나요?
이 책은 여러분의 생각을 현실로 만들어 줄 거예요.

1

공통 법칙

| 시 | 작 | 해 | 요 |

202○년 ○월 ○일
날씨: 뛰어놀고 싶게 맑음

상, 상, 상
나도 상을 받고 싶다!

딩동댕 ♪
 귀에 익숙한 음악 소리가 들렸다. 우리 학교 아침 방송을 알리는 소리다. 매번 듣던 아나운서의 목소리 대신 교감 선생님의 목소리가 울려 퍼졌다.

 "오늘은 교내 독후감 쓰기 대회에서 우수한 성적을 거둔 어린이에게 시상을 하도록 하겠습니다.
 6학년 1반 김멋짐."

 또, 멋짐이구나. 쟤는 어떻게 맨날 글쓰기로 상을 받지? 담임 선생님께서 눈으로 상장을 하나하나 확인하셨다. 저기 내 이름이 있었으면 좋겠다. 선생님이 큰 소리로 "박이쁨"이라고 부르면 좋겠다. 제발 제발 제발.

여러분은 일기 속 주인공처럼 글쓰기 대회에서 상을 받고 싶다고 생각한 적 있나요? 두근거리는 가슴을 진정시키면서 말이지요. 만약 수상자로 이름이 불린다면 기분이 좋을 거예요.

어떤 친구는 "나는 상을 못 받을 거야."라고 미리 포기할지도 모릅니다. 또 어떤 친구는 "저 상은 또 김멋짐이 받겠지?"라고 늘 상을 받는 친구를 떠올릴 수도 있죠. 이런 생각은 상을 받은 친구를 부러워하는 마음에서 나온 것입니다. 부러운 마음을 열심히 하려는 마음으로 바꾼다면 여러분도 상을 받을 수 있어요.

그냥 열심히 하겠다고 마음만 먹어서는 안 되고, 반드시 그것을 행동에 옮겨야 합니다. 지금부터 저와 함께 분야별로 글쓰기 연습을 차근차근 한다면, 여러분들도 수상자로 이름을 불릴 수 있을 거예요. 자, 그럼 이제부터 상을 타는 글을 쓰러 가 볼까요?

글쓰기 대회는 왜 열까요?

여러분이 참여해 본 글쓰기 대회를 하나 떠올려 봅시다. 학생 모두를 대상으로 하는 교내 대회에는 누구나 한번쯤 참여해 본 적이 있을 거예요. 이렇게 학교에서 열리는 대회가 있고, 학교가 아닌 외부 단체에서 여는 대회도 있습니다. 외부 단체란 주로 정부 기관, 또는 특정 목적을 가지고 모인 단체를 의미합니다. 참고로 '대회를 연다'는 다른 말로 '대회를 주최한다/주관한다'라고 합니다. 그래서 이런 단체를 '주관사'나 '주최사'라고 불러요.

학교나 여러 단체는 왜 글쓰기 대회를 열까요? 그것은 대회를 통해서 참가자에게 어떤 내용을 교육하거나 알릴 수 있기 때문이에요. 그러니 대회에 참여하기 전에 미리 그 단체에서 중요하게 생각하는 것이 무엇인지 알아두어야 합니다. 그래야 방향에 맞게 글을 쓸 수 있어요. 그럼 먼저 학교에서 여러분에게 알리고 싶고, 교육하고 싶은 것은 무엇일지 알아보겠습니다.

학교가 글쓰기 대회를 여는 목적

학교는 여러분을 훌륭한 어른으로 성장시키려는 목적을 가지고 있어요. 이때 어른은 정확하게는 '시민'을 말해요. 시민은 민주 사회의 구성원으로, 적극적인 참여를 통해 국가를 발전시키고 유지하는 사람을 의미해요. 훌륭한 시민이 되려면 상황을 올바르게 판단할 수 있어야 해요. 학교에서는 일상적인 문제에 부딪혔을 때뿐만 아니라 국가적 어려움이 발생했을 때 학생이 올바르게 판단할 수 있도록 가르칩니다.

선생님들은 새 학기 시작 전에 이런 목표를 가지고 학생들에게 어떤 것을 가르칠지 계획해요. 그때 어떤 대회를 열어서 어떤 상을 줄지도 설계하지요. 주로 지난해에 있었던 일을 참고해서 대회의 주제를 정해요. 그래서 그전부터 선생님들이 계속 가르쳐 왔던 내용이나 지난해에 사회적으로 화제가 되었던 사건/현상이 글쓰기 대회 주제에 포함될 수 있어요. 특히, 화제가 된 사건은 많은 사람이 관심을 가졌기 때문에 글쓰기 소재로 좋습니다. 예를 들어, 2020년부터 전 세계에 큰 영향을 끼친 코로나바이러스 대유행은 2020년에 열린 〈푸른 인천 글쓰기 대회〉, 〈제40회 새싹 전국 어린이 글짓기 대회〉, 〈제25회 전국 초등학생 국토사랑 글짓기 대회〉 등 많은 대회의 소재로 등장했습니다. 모든 사람에게 큰 영향을 미친 사건이기 때문이죠. 이런 경향은 앞으로도 이어질 것이라고 예상할 수 있겠죠.

자, 그럼 교내 글쓰기 대회를 준비한다고 생각하고 학교에서 배운 것을 떠올려 봅시다. 미래 사회, 건강 문제, 환경 문제, 영토 문제, 인구 문제, 삶의 질 문제, 사람의 마음 등 다양한 주제가 있을 거예요. 학교는 글쓰기 대회를 통해 참가자들의 관심을 끌면서 자연스럽게 이런 내용을 가르치고자 합니다. 다음 표를 참고로 봐 두면 교내 글쓰기 대회에서 어떤 내용으로 글을 쓸지 계획을 세울 수 있어요.

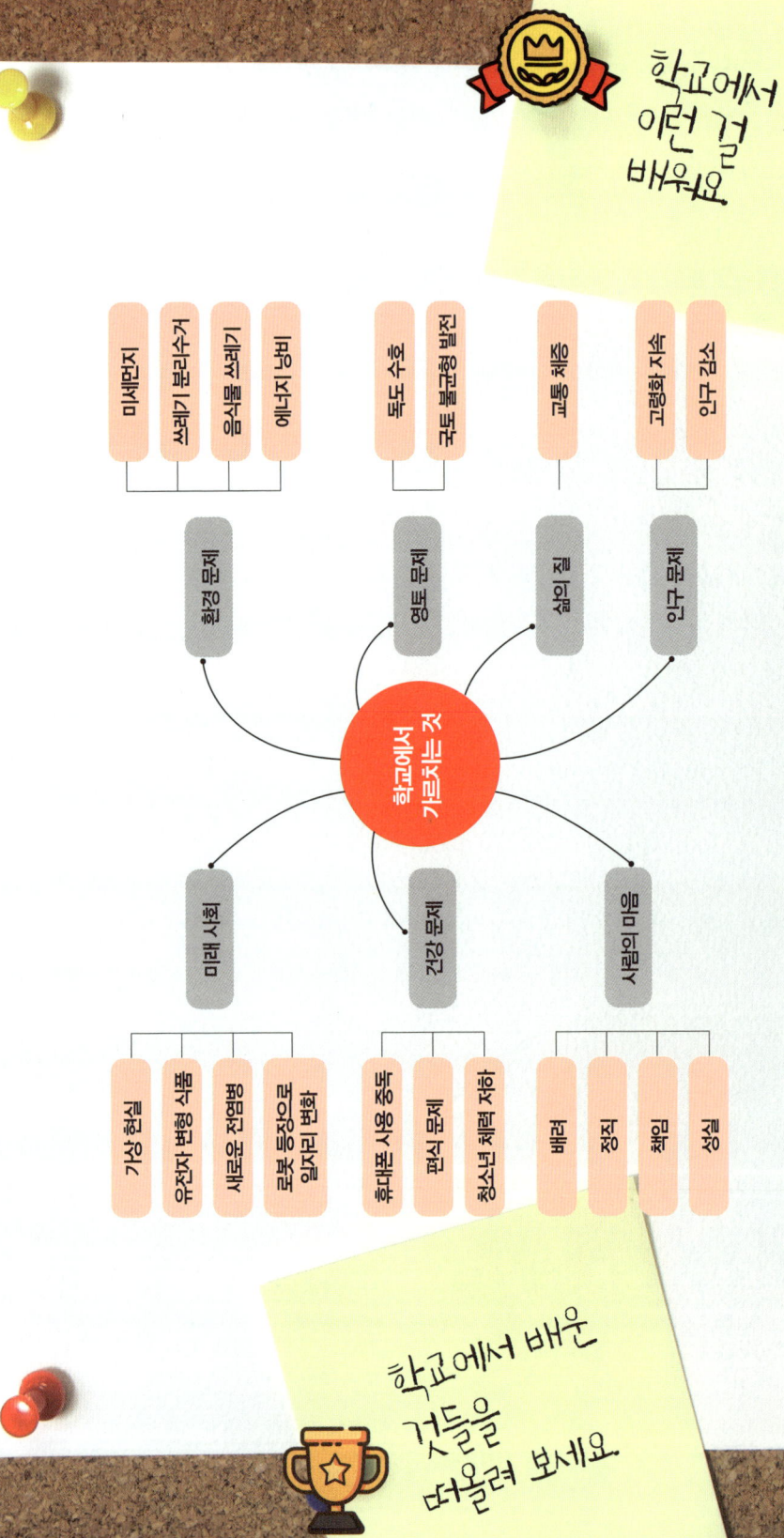

정부 기관이 글쓰기 대회를 여는 목적

정부 기관 역시 학교와 마찬가지로 학생들에게 어떤 내용을 알리거나 교육하기 위해서 대회를 엽니다. 예를 들어, 국세청에서는 여러분에게 무엇을 알리려고 하는지 '국세청 누리집'을 살펴봅시다.

국세청은 세금을 거두어들이는 기관입니다. 그러니 세금에 대해 학생들에게 알리고 싶을 거예요. 실제로 국세청은 세금에 관한 글쓰기 대회를 해마다 열고 있어요. 어린이 국세청(kids.nts.go.kr) 사이트에서는 국세청에서 하는 일이나 세금이 무엇인지에 대해 만화로 재미있게 설명하고 있습니다. 이것을 읽으면 국세청이 주최하는 글쓰기 대회의 목적을 이해할 수 있겠지요?

문화체육관광부에서 여는 글쓰기 대회는 어떤 내용을 알리려고 할까요? 단체 이름에 힌트가 있습니다. '문화체육관광부'라는 이름에 걸맞게 우리 전통 문화 보존이나 케이팝과 같은 새로운 문화 창출, 또는 우리 국토의 아름다움을 소개하고자 할 것입니다. 이런 식으로 글짓기 대회를 주최하는 단체의 이름과 하는 일을 알면 대회의 목적을 파악할 수 있죠.

출처: 어린이 국세청(kids.nts.go.kr)

일반 단체가 글쓰기 대회를 여는 목적

학교나 정부 기관이 아닌 단체가 여는 글쓰기 대회도 아주 많습니다. 이런 대회에 나가기 전에는 대회를 여는 단체가 어떤 곳인지에 주목해야 합니다. 모든 단체는 자신들에게 이익이 되는 일을 합니다. 그 단체가 하는 일을 많은 사람에게 알리려는 것이지요. 하는 일은 다를지라도 학교나 정부 기관이 글쓰기 대회를 여는 것과 동일한 목적을 가지는 것입니다.

다음은 보성군에서 주관한 〈태백산맥 전국 백일장 대회〉 안내문입니다. 이 대회에 참가하려면 참가할 장소를 선택해야 합니다.

1. 태백산맥 전국 백일장 대회

◎ 일　　시 : 2019. 9. 28.(토) 09:00~17:00
◎ 장　　소 : 참가 신청 시 장소 선택 (단위 : 명)

연번	장소	배정인원	비고
1	태백산맥문학관	60	
2	현부자네 집	80	
3	소화의 집	30	
4	중도방죽	200	벌교스포츠센터
5	보성여관	50	
6	벌교금융조합	30	
7	조정래작가 기념조형물	50	
8	김범우의 집	30	
9	홍교	50	
10	소화다리	20	

현부자네집, 소화의 집, 중도방죽, 보성여관... 참가 장소 이름이 독특합니다. 여기에 적힌 장소는 모두 소설 〈태백산맥〉에 나왔던 곳이에요. 그리고 〈태백산맥〉은 보성을 배경으로 하고 있지요.

이 대회 참가자는 자신이 참여할 장소를 선택하면서 '어? 여기는 어디일까?' 하고 궁금해할 거예요. 그렇게 소설 〈태백산맥〉을 알게 되고, 또 그것이 보성에 대한 관심을 높일 수 있는 계기가 됩니다. 이 단체에서 의도하는 게 바로 이것입니다.

그런데, 대회를 여는 단체에 대해 그냥 알기만 하는 것으로는 부족합니다. 그 단체가 중요하게 생각하는 것을 내가 쓰려는 글과 연결해야 해요. 다음 포스터를 살펴봅시다.

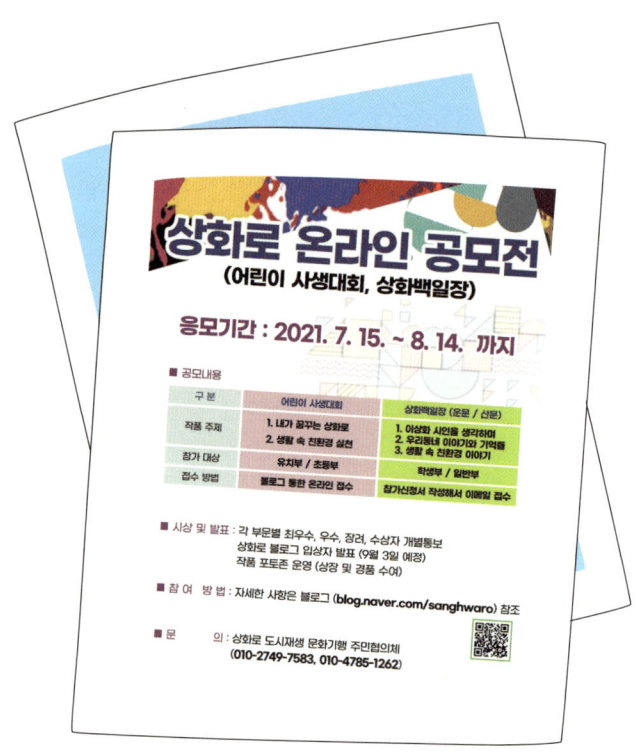

출처: 상화로 도시재생 문화기행 주민협의체 네이버 블로그

이 대회의 주제는 '이상화 시인을 생각하며/우리 동네 이야기와 기억들/생활 속 친환경 이야기'네요. 대회를 주관하는 단체는 〈**상화**로 주민협의체〉입니다. 이 단체는 시인 이상화 선생과 관련이 있어 보입니다. 시인 이상화 선생은 일제강점기에 〈빼앗긴 들에도 봄은 오는가〉처럼 우리 민족의 독립을 바라는 시를 쓴 인물이에요. 그렇다면 이 대회에 나가 글을 쓸 때는 이상화 선생의 생각을 녹이거나, 이상화 선생의 일대기나 시를 소재로 활용하는 것이 좋겠지요. 이렇게 단체의 특성과 자신의 글을 연결하는 것이 중요합니다.

수상작에 답이 있어요

글쓰기 대회는 정말 많습니다. 서울시, 경기도처럼 특정 지역에 살고 있는 어린이를 대상으로 하는 대회부터 전국 초등학생을 대상으로 하는 대회까지 다양하지요. 어떤 대회든 참여하기 전에 반드시 그 대회의 지난 수상작을 읽어야 합니다. 왜 그래야 할까요?

제시할 내용을 예측할 수 있다

수상작을 읽으면 동시 대회처럼 대회 당일에 글의 소재가 발표되는 경우에 어떤 것이 나올지 예측할 수 있습니다. 다음은 2019~2020년 〈새싹 전국 어린이 글짓기 대회〉의 수상작 목록입니다.

수상작	수상내역
코로나19	**으뜸상** 박규리
가족	**금상** 오서우
코로나19	**은상** 장서연
운동화	**은상** 문기윤
도서실	**금상** 김세현
태극기	**으뜸상** 손예원
스케치북	**금상** 길재이
떡볶이	**은상** 정남헌
지금의 나	**은상** 전재영

출처: (사)새싹회 홈페이지

수상작 제목을 보면 '코로나19'처럼 2020년부터 우리 사회에 큰 영향을 주었던 사건이 소재로 제시된 것을 알 수 있습니다. 또 우리나라 가족에 관한 것이 나오기도 했습니다. 운동화, 스케치북, 떡볶이, 도서실처럼 일상적인 소재도 빼놓을 수 없네요. 이처럼 수상작을 보면 그 대회에서 출제할 내용이 무엇인지 짐작할 수 있다는 장점이 있습니다.

심사 기준을 파악할 수 있다

수상작을 읽으면 그 대회에서 어떤 작품이 우수한 점수를 받았는지도 알 수 있습니다. 정확하게는 아니더라도 심사 기준을 어느 정도 짐작할 수 있는 것이죠. 다음은 〈제40회 새싹 전국 어린이 글짓기대회〉에서 수상한 작품입니다.

가

코로나19

들어간다
터널로 들어간다.

네비게이션이 말하길
이 터널은 길 것이라고 한다.

달린다
계속 달린다.

난 비상구 불빛을
출구로 오해했다.

끝날 듯 말 듯
끝나지 않는 긴 터널
꼭 코로나 19 같다.
언제쯤 끝날까?

으뜸상 박규리(옥곡초 5)

나

운동화

하루 종일
바빴다
센터도 가고
나무 구경하고
닭강정도 보고
아는 선생님도 보고

신기했어요
즐거웠어요
재밌었어요

흙먼지
묻혀와
옆으로 누웠다
짝짝이 되어있고
방안에 올라오고

힘들었다고
투덜대는
내 친구 운동화.

은상 문기윤(온양초 3)

가는 코로나19를 긴 터널로 비유했고, 나는 매일 신는 운동화를 친구로 비유했습니다. 두 작품 모두 소재를 우리가 잘 알고 있는 것(터널/운동화)에 비유해서 표현했다는 점이 돋보입니다. 이를 통해서 이 대회는 일상적인 내용과 글의 소재를 얼마나 참신하게 연결하는가가 심사 기준일 것이라고 짐작할 수 있습니다. 또 가에서 끝나지 않는 코로나19 상황에서 느끼는 막막함을 긴 터널을 지날 때 누구나 느끼는 답답한 기분으로 표현한 것을 보면 읽는 사람의 공감을 얻는 것도 심사 기준의 하나라고 짐작할 수 있습니다.

수상작을 살펴보아야 하는 마지막 이유는 이미 상을 받은 작품과 비슷한 글을 쓰지 않아야 하기 때문입니다. 내가 창의적이라고 생각했던 내용을 다른 사람이 이미 썼을 수도 있어요. 이런 경우에는 당연히 상을 받기 어렵습니다. 내가 그 작품을 전혀 모르고 썼더라도 말이지요. 수상작을 미리 살펴보면 이런 안타까운 상황을 피할 수 있습니다.

정보력은 중요해요

학교에서 열리는 대회는 대부분 담임 선생님이 상세하게 안내해 주실 것입니다. 하지만 학교 밖의 대회는 그 대회가 열리는지조차 모를 때가 많습니다. 그래서 대회에 실제로 참여하지 못하는 경우도 있지요. 대회에 대한 정보는 '스스로' 얻어야 합니다. 학교 밖에서 열리는 대회를 학교에서 안내해 주지 않으니까요. 하지만 학교에서 여러 대회에 대한 정보를 찾을 수는 있습니다.

대회에 대한 정보를 얻는 방법

첫 번째, 먼저 학교 홈페이지를 살펴보세요. 외부 기관에서는 대회를 열 때에 많은 학생이 참여하기 바라는 마음으로 안내 자료를 각 초등학교로 보내기도 합니다. 그러면 선생님들이 학교 게시판에 이런 자료를 붙여 두거나 학교 홈페이지에 올립니다.

외부 대회 정보를 얻는 두 번째 방법은 인터넷에서 '글쓰기 대회'를 검색하는 것입니다. '어린이 글쓰기 대회'라든지 '초등학생 글쓰기 대회'와 같은 검색어를 여러 포털 사이트에서 검색해 보세요. 작년이나 재작년에 대회가 열렸다면 올해도 열릴 가능성이 높겠지요. 그 대회를 주관했던 단체를 검색해서 올해도 대회를 준비하고 있는지 미리 살펴보면 좋습니다.

세 번째 방법은 살고 있는 지역의 시청이나 구청, 도서관의 홈페이지를 살펴보는 것입니다. 구청이나 시청은 지역의 단체가 대회를 열 때 홍보해 주는 역할을 합니다. 도서관 역시 대회를 열기도 하고, 다른 도서관에서 열리는 대회를 홍보해 주기도 해요.

네 번째 방법은 어린이 신문을 발행하는 신문사 홈페이지를 살펴보는 것입니다. 어린이 신문에서는 어린이가 참여할 만한 대회를 알려 주기 때문이죠.

어떤 대회가 있는지 확인했다면 그 대회가 언제, 어디에서, 어떤 방식으로 열리는지도 확인해야 해요. 경우에 따라서는 대회가 열리는 날 직접 그 장소로 찾아가야만 참여가 인정되기도 하거든요. 그와는 달리 우편으로 출품작을 접수받거나 인터넷으로 글을 접수하는 대회도 있습니다. 참가 방법을 잘 살펴보고 대회에서 요구하는 방법으로 참가해야 불이익을 받지 않습니다.

여러 방법으로 눈길을 끌어 봅시다

상을 받으려면 눈에 띄어야 한다

　글쓰기 대회의 심사위원은 정해진 시간 안에 아주 많은 작품을 읽고 평가합니다. 그렇기 때문에 평범하고 지루한 출품작은 눈길을 끌 수가 없고, 좋은 점수를 받기 어렵습니다. 수많은 경쟁자를 물리치고 상을 받으려면 다른 사람보다 눈에 띄고, 기억에 오래 남도록 해야 합니다. '어떻게 하면 더 돋보이게 할 수 있을까'를 생각하면서 글을 쓰는 자세가 필요하지요.

　내 작품을 눈에 띄게 하는 방법은 여러 가지입니다. 먼저, 신선하고 창의적인 '제목'으로 심사위원의 눈길을 사로잡을 수 있습니다. 신선하고 창의적이라는 것은 독특하다는 의미가 아닙니다. 글의 내용을 궁금하게 만드는 그런 제목을 말합니다. 예를 들면, '다정하고 멋진 우리 선생님'이라는 제목보다는 '우리 교실에는 마술사가 산다'가 더 눈에 띄는데, 이는 교실에 사는 마술사가 누구인지 궁금해서 글을 끝까지 읽게 만들기 때문입니다.

　재미있는 비유 표현을 써서 기억에 오래 남게 하는 것도 좋은 방법입니다. 앞에서 소개한 코로나19를 끝이 보이지 않는 긴 터널에 비유한 시가 기억에 남는 이유는 그 표현이 매우 독특하고 재미있었기 때문입니다. 눈에 띄는 글을 쓰는 또 다른 방법은 대회에서 제시하는 글의 유형에 다른 유형을 결합해서 쓰는 것입니다. 모두가 비슷한 편지글을 썼다면 그 중에 동시처럼 쓴 편지글은 눈에 띌 수밖에 없습니다. 그럼, 새로운 유형으로 글을 쓰는 방법을 간단히 살펴볼게요.

독특한 유형의 글은 눈길을 끈다

글의 유형이란 무엇일까요? 이 말의 뜻을 알려면 먼저 '유형'이 뭔지 알아야 해요. 유형을 가장 명확하게 볼 수 있는 곳은 바로 백화점이나 마트입니다. 백화점은 층마다 서로 비슷한 물건을 판매합니다. 예를 들어, 2층에는 여성복을 판다면 3층에는 남성복을 팝니다. 바로 물건을 같은 유형으로 묶어 전시해 놓은 거지요. 비슷한 것끼리 서로 묶으면 그것이 하나의 '유형'이 됩니다.

글도 마찬가지입니다. 책을 읽고 나서 자신의 생각과 느낌을 쓴 글은 '독서감상문'이라고 부르고, 어떤 대상에 대한 자신의 느낌을 생생하게 드러내면서 리듬감 있게 쓴 글을 '시'라고 합니다. 자신의 주장과 그 주장에 대한 근거를 논리적으로 쓴 글은 '논설문'이라고 하지요.

조금 독특한 형식을 가진 글도 있습니다. 예를 들어, 두 가지 서로 다른 유형을 합쳐서 하나의 글을 쓸 수도 있는 거죠. 다음을 보세요.

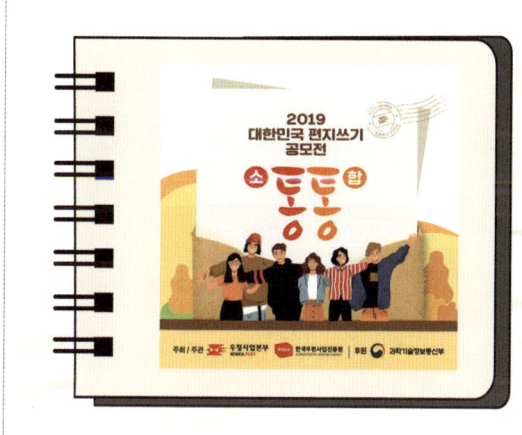

우정사업본부는 9월 2일부터 10월 28일까지 「2019 대한민국 편지쓰기 공모전」을 개최한다.

이번 공모전은 '대한민국, 편지로 하나 되다'를 주제로 편지쓰기를 통해 나와 문화, 이념, 가치관 등이 다른 상대방을 이해하고 배려하는 사회를 만들기 위해 열린다.

출처: 한국우편사업진흥원 네이버 블로그

'문화, 이념, 가치관 등이 다른 상대방을 이해하고 배려하는 사회를 만들자'라는 주제의 글쓰기 대회입니다. 대회를 주최한 우체국(우정사업본부)은 참가자들에게 이 주제로 '편지'를 쓰라고 요구하고 있습니다. 편지글 형식으로 '배려하는 사회를 만들자'고 주장하는 내용(논설문)을 써야 하는 것이죠. 다시 말해, 이 대회에서는 논설문과 편지글을 합쳐 새로운 유형의 글을 써야 합니다.

이와 같은 독특한 유형의 글은 심사위원들의 흥미를 끌기도 쉽습니다. 비슷한 형식의 글만 읽다가 이런 글이 나오면 눈에 들어오고, 내용이 더 재미있다고 느끼기 때문이죠.

주제	대회에서 요구하는 유형	독특하게 바꾸어 쓴 유형
가족에게 감사메시지 보내기	편지	편지처럼 쓴 동시
에너지 일기 쓰기	일기	동화처럼 쓴 일기
장애 인식 개선 글쓰기	시, 산문, 독후감, 방송소감문	일기처럼 쓴 방송소감문

지금까지 심사위원의 눈길을 끄는 방법 몇 가지를 알아봤습니다. 여기서 잠깐! 주의할 점이 있습니다. 이런 방법을 **너무 과하게 사용하면 안 됩니다**. 눈에 띄는 것에만 집중해서 내용과 상관없는 제목을 짓거나 재미를 주기 위해 주제와 어울리지 않는 표현을 쓰지 않도록 주의하세요.

글쓰기 용어를 알아볼까요

글제/소재/주제

앞으로 기억해 두면 좋을 글쓰기 용어를 소개합니다. 먼저 '글제'는 글의 제목이라는 뜻으로, 주로 대회에서 쓰는 말입니다. 원래 뜻과는 달리 보통은 글제를 '소재'라고 생각해도 됩니다. 대회 안내문에서 '글제는 당일 발표'라는 말을 쉽게 찾을 수 있는데, 이것은 글의 소재는 대회 당일에 알려주겠다는 뜻입니다.

학교에서 어떤 주제에 알맞는 소재를 떠올리는 활동을 한 적이 있을 거예요. '소재'는 글의 재료라는 뜻입니다. 예를 들어, '여름'과 관련지어 수박, 더위, 물놀이, 계곡 등을 떠올릴 수 있는데, 이때 여름과 수박, 더위, 물놀이, 계곡은 모두 소재가 됩니다. 그리고 이것을 대회에서 글을 쓰는 소재로 발표할 때는 '글제'라고 이름을 붙입니다. 소재/글제는 구분 없이 쓰는 경우가 많으니 그것을 구분하려고 노력할 필요는 없습니다.

'주제'는 글에서 전달하려는 글쓴이의 생각을 말합니다. 예를 들어 '여름'을 가지고 '여름철 음식을 조심하자'라는 생각을 전달하는 글을 쓴다면, '여름'은 소재가 되고 '여름철 음식을 조심하자'는 주제가 됩니다.

어떤 대회든 '주제'를 제시하지는 않습니다. 주제는 글쓴이의 고유한 생각이기 때문입니다. 그렇게 때문에 대회에서는 '소재'만 제시합니다. 그 소재를 이용해서 여러 가지 생각을 떠올린 후 그 중 하나를 주제로 삼아 한 편의 글을 쓰는 것은 오로지 나의 몫인 셈입니다.

그런데 앞서 28쪽에 나왔던 〈상화백일장〉에서는 '이상화 시인을 생각하며/우리 동네 이야기와 기억들/생활 속 친환경 이야기'라는 작품의 주제를 제시했습니다. 주제를 제시하는 대회는 없다고 했는데 어떻게 된 것이냐고요? 작품 주제는 '글의 주제'가 아닙니다. 즉, 이렇게 대회에서 제시한 작품 주제를 보고 자기만의 글 주제를 따로 만들어야 합니다. 예를 들어 '이상화 시인의 시를 보면 조상님들의 독립 의지를 느낄 수 있다'라던가 '환경을 보호하는 습관을 들여 어렵게 되찾은 소중한 들판을 지키자' 등으로 자신의 생각을 담은 주제를 만드는 것이죠.

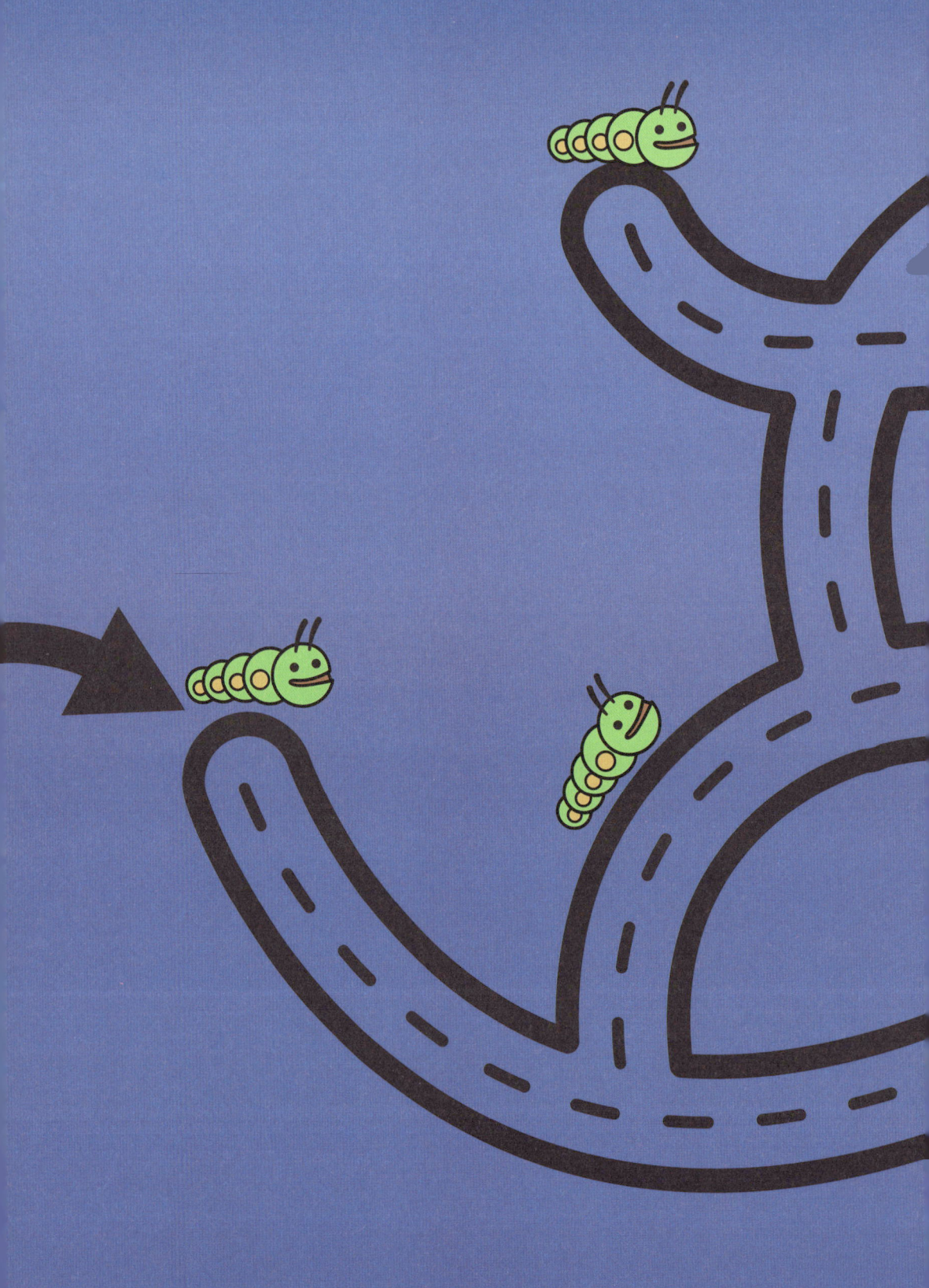

2
동시

시 작 해 요

보내는 사람	오겨울〈ohwinter@darak1.com〉
받는 사람	손은하〈handgalaxy@darak1.com〉
제목	내 친구 은하에게

　은하야, 잘 지내? 전학 간 학교 친구들이랑 많이 친해졌어? 나는 네가 없으니까 너무 쓸쓸하고 학교가 재미도 없는 것 같아.

　은하야, 나는 요즘 진짜 재미있는 드라마를 보고 있어. 죽고 싶어 하는 도깨비가 자신의 신부를 찾는 내용이야. 어제는 정말 멋진 장면이 나왔어. 도깨비가 자신을 향해 달려오는 신부를 보면서 속으로 이렇게 생각해.

　제비꽃같이 조그마한
　그 계집애가
　꽃잎같이 하늘거리는
　그 계집애가
　지구보다 더 큰 질량으로
　나를 끌어당긴다

　도깨비의 마음이 이미 신부에게 끌려갔기 때문에 이렇게 생각한 게 아닐까. 자기 마음을 표현한 시 같아서 두근거렸어.

　심장이 하늘에서 땅까지 아찔한
　진자 운동을 계속하였다
　첫사랑이었다

　꺄악~~ 이 표현도 정말 멋지지 않니? 신부에게 "사랑해" 이렇게 직접적으로 말하지 않고 "첫사랑이었다"라고 하는 게 더 멋있었어. 너도 꼭 이 드라마를 보면 좋겠어. 다음에 우리 같이 실컷 이야기하자. 안녕.

출처: 김인육 〈사랑의 물리학〉

겨울이는 감정을 전달할 때 직접적인 말보다 비유적으로 시처럼 표현한 게 더 설레고 좋았다고 하네요. 여러분은 그런 시를 써본 적 있나요?

대부분의 학교에서는 일 년에 한 번씩 예술경연대회를 해요. 대회의 분야로는 대체로 글쓰기와 미술 분야가 있지요. 글쓰기 분야는 다시 동시 쓰기와 산문 쓰기로 나뉘는데, 제가 학생들에게 어느 분야에 참여할 것인지 물으면 2/3 이상이 동시를 쓰겠다고 해요. 동시는 그냥 짧게만 쓰면 된다고 생각하기 때문이지요. 이처럼 동시 분야는 많은 사람들이 참여해서 경쟁이 심하지만, 그만큼 다른 분야에 비해 정돈되지 않은 출품작도 많습니다. 그래서 조금만 공부하고 연습하면 충분히 상을 받을 수 있기도 합니다. 지금부터 함께 동시 쓰는 법을 배우면서, 지금껏 내가 어떤 점을 잘 몰랐는지 살펴봅시다. 그 부분을 고친다면 여러분은 꼭 상을 받을 수 있으니까요!

동시가 뭐예요?

앞서 이야기한 것처럼 많은 학생이 동시의 가장 큰 특징을 '짧은 글'이라고 생각합니다. 이 생각이 완전히 틀린 건 아니지만 그렇다고 맞는 것도 아니에요. 동시는 '운문'의 한 종류입니다. 운율을 가지고 있는 모든 글을 '운문'이라고 해요. 운율이란 글을 읽었을 때 느껴지는 리듬감을 말해요. 그러니까 리듬감이 느껴지는 모든 글이 바로 운문이고, 운문을 대표하는 글이 '시'입니다.

동시란 무엇인가

시에는 여러 가지 종류가 있어요. 그중에서 산문시는 아주 내용이 길어요. 그러니까 시(운문)가 반드시 짧다고 볼 수는 없습니다. 이 책에서 여러분이 배울 시의 종류는 동시입니다. 동시는 어린이를 대상으로 쓴 시를 말하기 때문에 어린이의 생각이나 마음을 잘 드러내고 표현합니다. 다시 말해 어린이가 느끼는 감정을 순수하게 표현해야 동시로서 가치가 있다는 뜻입니다. 일부러 어려운 말이나 꾸미는 말만 많이 쓴 동시는 그 매력이 떨어져요. 이 점은 동시의 중요한 특징이니 반드시 기억하세요.

그렇다면 동시는 왜 쓸까요? 동시는 읽는 사람에게 감동을 주기 위해 씁니다. 재미와 슬픔, 공감, 안타까움 등 여러 감정으로 마음이 움직이게 하려고 동시를 쓰고 또 읽는 것이죠.

동시를 잘 쓰려면 어떤 준비를 해야 하나요?

글쓰기 대회에는 대부분 동시 분야가 있어요. 그래서 학생들이 참여하기가 가장 쉽지요. 그만큼 많은 학생이 동시 쓰기에 도전합니다. 이제부터 동시를 잘 쓰는 방법 두 가지를 알아봅시다.

동시를 많이 읽고 바꿔 써 보자

첫 번째, 동시를 많이 읽는 거예요. 자신 있어 하던 친구들도 막상 동시를 쓰려면 무엇부터 어떻게 써야 할지 막막해 합니다. 평소에 동시를 많이 읽어 두면 이런 막막함이 덜하겠죠. 관심 가는 주제를 다룬 동시를 찾아 읽어도 좋고, 주제에 관계없이 손 가는 대로 시를 읽으며 내가 쓰고 싶은 주제를 떠올려 보는 것도 도움이 됩니다.

두 번째, 마음에 드는 동시를 바꿔 써 보는 연습을 꾸준히 하는 거예요. 이때 주의해야 할 점은 원래 시의 낱말이나 문장만을 바꾸면 안 된다는 거예요. 이런 식의 바꿔 쓰기는 상상력을 발휘하는 데 도움이 되지 않아요. 동시의 운율이나 주제, 분위기는 그대로 두고, 나머지를 나만의 표현으로 모두 바꾸도록 합니다. 자, 그럼 동시를 바꿔 쓰는 연습을 해 봅시다. 먼저 상을 받은 시와 바꿔 쓴 시를 살펴볼까요?

선생님 볼펜

우리 선생님 빨간 볼펜은
○ 하고 ☆ 만 그릴 수 있어요..

받아쓰기 시험지에
맞은 것은 크게 ○,
틀린 것은 작게 ☆.

그래서 내 시험지는
우주 같아요.

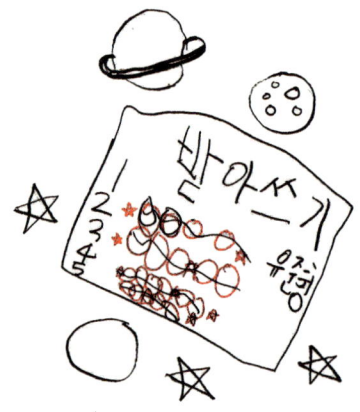

〈2021 전라북도 교육청 너도나도 공모전〉 대상 유준형(청명초 1)

오른쪽은 이 시를 바꿔 쓴 것입니다. 원래 시와 ❶, ❷번이 어떻게 다른지 비교하면서 읽어 보세요.

바꿔쓰기 ❶

선생님 색연필

우리 선생님 빨간 색연필은
○ 하고 ☆만 그릴 수 있어요.

수학 시험지에
맞은 것은 크게 ○,
틀린 것은 작게 ☆.

그래서 내 시험지는
온통 별이 반짝거리는
우주 같아요.

바꿔쓰기 ❷

우리 교실

시끄러운 우리 교실은
언제나 빛이 나요.

달리기를 좋아하는 수민이는 빨강 빛
다른 친구들 잘 도와주는 혜주는 노랑 빛
친구들보다 더 크게 웃는 나는 초록 빛
급식을 잘 먹는 연서는 파랑 빛

그래서 우리 교실에는
무지개만 있어요.

〈선생님 볼펜〉에서 글쓴이는 받아쓰기 시험지를 보면서 별과 행성이 가득하다고 생각했어요. 왜냐하면 선생님의 빨간 볼펜은 동그라미와 별만 그릴 수 있기 때문이죠. 만약 틀린 문제에 ×나 ∨나 / 표시를 했다면 시험지에는 결코 우주가 그려질 수 없었겠지요.

우리가 이 시를 읽으면서 재미있다고 느끼는 부분이 바로 그것입니다. 시험지를 받고 울상을 짓지 않고 시험지가 우주 같다고 생각한 아이의 색다른 발상에서 재미를 느끼게 되죠.

❶번과 ❷번 중에 유준형 어린이의 〈선생님 볼펜〉과 비슷한 느낌이 드는 것은 몇 번인가요? 아마 ❶번이 〈선생님 볼펜〉과 비슷하다고 생각하는 사람이 많을 겁니다. ❶번은 볼펜을 색연필로 바꾸고, 마지막 연에서 한 행을 추가하는 정도로 바꾸었기 때문이죠.

❷번은 〈선생님 볼펜〉에 나온 '시험지=우주'를 '우리 교실=무지개'로 바꾸었습니다. 틀린 시험지를 기분 좋게 바라보는 모습을 시끌벅적한 교실을 알록달록 무지개를 바라보는 것으로 바꾼 것처럼 〈선생님 볼펜〉의 비유 표현이나 운율은 비슷하게 유지했습니다. 각자 잘하는 것이 있는 반 친구들을 빛에 비유하면서 그 빛이 어우러진 교실은 무지개가 가득하다고 표현한 것이죠. 하지만 이렇게 핵심 표현 방식만 빼고 나머지는 전부 바꾸었기 때문에 ❷번은 〈선생님 볼펜〉과 비슷한 느낌이지만 전혀 다른 시가 되었습니다.

시를 바꿔 쓸 때는 ❶번처럼 단어 몇 개만 바꿔서는 제대로 연습이 되지 않습니다. ❷번처럼 원래 시의 주제나 인상 깊었던 표현 등을 고려하면서 자신만의 아이디어를 떠올리도록 노력해야 합니다. 그래야 더 재미있고 기발한 생각이 많이 떠올라 실제로 시를 쓰는 연습이 되기 때문입니다. 연습용 시 바꿔쓰기는 1) 원래 시의 주제와 표현 방식을 파악하고, 2) 이것을 다른 사물/상황에 적용하거나 나만의 아이디어를 떠올려서 쓰는 것입니다. 뒤에서 시 바꿔 쓰기를 연습해 보세요.

연습하기

1 48쪽 〈선생님 볼펜〉처럼 나에게 벌어진 일을 정리해서 써 봅시다. 예시를 보고 참고하세요.

예시) 우리집 강아지는 흙이 묻은 발로 거실을 이리저리 뛰어다닌다. 강아지가 남긴 발자국을 멀리서 보니 반달 모양, 별 모양이다. 우리집 거실은 꼭 달과 별이 떠 있는 밤하늘 같다.

좋지 않은 일	좋은 일	느낌
선생님 볼펜) 틀린 문제가 표시된 시험지	별과 동그라미로 채점이 되어 있다	시험지가 우주처럼 보인다
예시) 강아지가 흙 묻은 발로 거실에서 뛰어다닌다	강아지가 남긴 발자국이 반달, 별 모양이다	우리집 거실이 밤하늘처럼 보인다

2 1번에 쓴 '좋지 않은 일, 좋은 일, 그때의 느낌'을 활용해서 〈선생님 볼펜〉을 바꿔 써 보세요.

선생님 볼펜

우리 선생님 빨간 볼펜은
○ 하고 ☆만 그릴 수 있어요.

받아쓰기 시험지에
맞은 것은 크게 ○,
틀린 것은 작게 ☆.

그래서 내 시험지는
우주 같아요.

〈2021 전라북도 교육청 너도나도 공모전〉 대상 유준형(청명초 1)

예시 답안 **229**쪽

제목	
이름	_____ (_____초등학교 _____학년)

바꿔 쓰기 방법 50쪽 참고

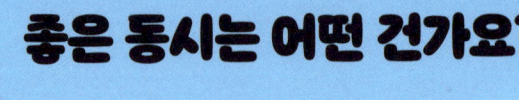

좋은 동시는 어떤 건가요?

어떤 옷이 좋은 옷일까요? 이 질문에 대해 대답은 사람마다 다를 거예요. 어떤 사람은 오래 입을 수 있는 튼튼한 옷이라고 할 것이고, 어떤 사람은 유행에 맞는 옷이라고 할지도 모릅니다. 사람들의 생각이 같을 수는 없기 때문이지요. 마찬가지로 '어떤 동시가 좋은 동시인가요?'라는 질문에 딱 떨어지게 대답하기는 어려워요. 심사위원마다 중요하게 생각하는 부분이 다를 수 있거든요. 하지만 기본적인 공통 기준은 있습니다. 여기서는 심사위원들이 대부분 좋은 동시라고 말하는 조건을 알아보겠습니다.

주제가 확실히 보일 것

좋은 동시의 첫 번째 조건, 주제가 잘 드러나야 합니다. 이 점을 생각하며 아래 시를 읽어보세요.

하늘과 바다

하늘이 파랗다.   바다가 파랗다.
하늘이 노랗다.   바다가 노랗다.
하늘이 빨갛다.   바다가 빨갛다.

〈하늘과 바다〉에서 글쓴이가 전하고 싶은 내용은 무엇일까요? 하늘이 파랗다? 바다가 노랗다? 하늘과 바다가 같은 색이다? 이 시는 주제를 짐작하기 어렵습니다. 글쓴이의 생각인 주제가 잘 표현되지 않았기 때문입니다. 이처럼 시의 주제가 명확하게 드러나지 않으면 시를 이해하기 어렵고 그러면 시를 읽고 설렘이나 감동 등의 어떤 감상도 갖지 못하게 됩니다. 그래서 이것은 좋은 시라고 할 수 없어요.

다음 시를 읽어 보세요. 이 시를 쓴 사람은 무엇을 표현하고 싶었을까요?

섬

섬 안에 섬이 있다.

우리 집은 서울에서 보면
섬인 영종도
외할머니 댁은 영종도에서 보면
바다 건너 섬인 신도

영종도와 신도 사이에 바다가 있다
끼룩끼룩 노래하는 갈매기
나풀나풀 춤추는 수많은 물고기들
이름을 알 수 없는
바다 풀들도 바다에 있다

통통배를 타고 오신 외할머니
밤새 손수 만든 음식들 쏟아놓고
잠시도 못 쉬고 배를 타러 가신다

들어가라 휘휘 손 흔드는 외할머니
통통배를 타고
섬으로 다시 돌아가신다

배 시간 맞추느라
왔다 그냥 가시는 외할머니
엄마의 두 눈이 빨개진다

경인일보 〈제13회 푸른 인천 글쓰기대회〉 대상 안태민(삼목초 6)

글쓴이와 할머니는 모두 섬에 살고 있네요. '섬'이라고 하면 보통 바다에 홀로 떠 있는 조그마한 땅을 떠올립니다. 그래서 외로운 곳이라는 생각이 들지요. 그런데 이 시에서는 '영종도 건너에 신도가 있다'고 했어요. 섬 건너에 또 다른 섬이 함께 있으니 시에 나오는 섬은 외롭기만한 곳은 아니겠네요. 또한 이 시는 멀리서 서로를 그리워하는 엄마와 외할머니의 마음도 아주 잘 표현하고 있어요. '밤새 손수 만든 음식들을 쏟아놓고 다시 돌아가는' 외할머니와 그런 외할머니를 바라보며 '두 눈이 빨개진' 엄마의 마음을 '섬 안의 섬'이라는 말로 표현했지요. 이 시의 주제는 '서로를 그리워하는 섬 같은 엄마와 할머니' 혹은 '엄마와 할머니는 서로를 그리워하는 섬 같다'라고 할 수 있습니다.

이 시를 읽고 부모님이나 할머니, 할아버지를 떠올리는 사람이 많을 거예요. 아마 시의 주제가 마음에 닿았기 때문이겠지요. 이렇게 ==많은 사람들이 쉽게 공감할 수 있는 주제가 명확하게 드러나게 시를 쓰는 것이 좋습니다==. 물론 이것만 지킨다고 좋은 시라고 할 수 없습니다. 좋은 시의 두 번째 조건을 살펴보겠습니다.

감동적이고 공감할 수 있는 주제일 것

 좋은 동시의 두 번째 조건, 감동적이고 공감할 수 있는 주제여야 합니다. 그래야 바로 앞에 나왔던 〈섬〉처럼 읽는 사람에게 감동을 줄 수 있기 때문이죠. 슬픔, 재미, 안타까움, 기쁨, 아름다움에 대한 감탄까지 사람은 다양한 감정으로 감동받게 됩니다. 다음 시를 읽고 어떤 느낌을 받았는지 말해 봅시다.

홍시

빨갛게 부풀어
빵 하고 터질 것 같이

화가 났다 보다, 저 홍시

떨어져라, 떨어져라
주문처럼 외워대는
내 말에 화가 났나

빨갛게 부풀어
빵 하고 터질 것 같이

웃음을 참나 보다, 저 홍시

떨어져라, 떨어져라
나뭇가지로 자꾸 간지럽히는
내 손길에 웃음이 났나

〈홍시〉라는 시, 재미있지요? 감이 익어 홍시가 된 것을 보고 떨어지라고 말하는 나 때문에 화가 나서 홍시가 빨개졌다고 생각한 것이나 나뭇가지로 툭툭 치는 게 간지러워 홍시가 빨개졌다고 생각하는 부분이 재미를 줍니다. 우리는 이 시가 주는 '재미'에서 감동을 얻게 되지요.

또한 읽는 사람이 공감할 수 있는 감정이 시에 표현되어야 합니다. 멋진 표현을 많이 쓴 시라고 할지라도 읽는 사람이 공감하지 못하면 좋은 시라고 할 수 없기 때문이죠. 그래서 일반적으로 누구나 이해할 수 있는 감정을 표현하는 게 좋습니다.

교훈은 직접적으로 표현하지 말 것

세 번째 좋은 시의 조건은 교훈을 주는 주제는 너무 드러나지 않아야 한다는 것입니다. 교훈이 직접 드러나면 시를 읽고 감동을 느끼는 게 아니라, 글쓴이가 나를 가르치고 있다고 생각할 수 있기 때문이에요. 그래서 시를 읽고 불쾌할 수 있어요. 다음 시를 읽어 보세요.

가

시간

너에게도
나에게도
똑같이 주어지는 시간

하지만 어떻게 쓰는가에 따라
달라지는 시간

아껴 쓰고 아껴 쓰면
더 많은 것을 할 수 있지만
함부로 낭비하면
그냥 흘러가는 시간

이제부터라도
아껴 써야겠다.

나

시간

꽁꽁 숨겨둔
보물 주머니

누가 가져갈까
조심스레
만져 보고 만져 보고

어라?
주머니 안 보물이 어디 갔나?

아무렇게 보내버린
오늘 하루 내 시간들

잃어버린 내 보물

가와 **나**는 모두 '시간을 아껴 쓰자'는 주제를 담고 있어요. **가**는 주제를 직접 드러냈고, **나**는 시간을 보물에 비유해서 주제를 표현했습니다. 그래서 독자는 **나**를 더 재미있게 느끼고 이 시의 주제에 더 공감하게 됩니다. 이렇듯 교훈을 주는 주제로 시를 쓸 때는 그 내용을 직접적으로 드러내지 않는 것이 좋아요.

좋은 동시의 조건

1. 주제가 잘 드러날 것
2. 감동적이고 공감할 수 있는 주제일 것
3. 교훈적인 주제는 가능하면 너무 드러나지 않도록 할 것

연습하기

예시 답안 **229**쪽

1 좋은 동시의 조건으로 맞는 것과 틀린 것에 표시해 보세요.

1) 주제가 확실히 보일 것   O   X
2) 특별한 사람만 공감할 수 있는 주제일 것   O   X
3) 교훈은 직접적으로 표현하지 말 것   O   X

2 아래의 시를 읽고 어떤 감동을 느낄 수 있는지 골라 보세요.

엄마가 아이처럼

엄마가 아이처럼 엉엉 운다
크게 소리 내어 엉엉 운다
목이 쉬도록
엄마는 아이처럼 운다

활짝 웃고 계신
외할아버지 사진 앞에서
까만 옷을 입은 엄마는 아이처럼 운다

엄마의 울음을 듣고도
외할아버지는 사진 속에서 웃고만 계신다

그걸 알아서인지
엄마는 더 크게 엉엉 운다

① 기쁨   ② 재미있음   ③ 슬픔   ④ 화남

동시 대회에는 어떤 것들이 있나요?

2019년에 개최되었던 동시 대회는 다음과 같습니다. 참고로 2020~2021년에는 코로나19 바이러스로 인해 많은 대회가 개최되지 않았어요.

대회명	주최
안중근의사 순국 109주기 추모 제17회 전국 학생 글짓기 대회	국가보훈처, (사)안중근의사숭모회 외
제2회 해동공자 최충 문학상 전국공모전	(사)해동공자 최충기념사업회 외
제40회 전국 만해백일장	대한불교청년회, 서울시
제11회 문열공 매운당 이조년 선생 추모 전국백일장	고령군, 고령문화원
3·1만세 운동 기념 한글백일장	횡성문화원
제5회 장애인식개선 공모전 다시, 봄!	부산광역시장애인종합복지관
제15회 산강하늘 학생백일장	청주문인협회
제57회 진해군항제 백일장	진해문인협회
제11회 사랑과 효 글·그림·엽서 공모전	(사)한국효문화센터
3·15의거 59주년기념 제35회 전국백일장	마산문인협회
제18회 국제 지구사랑 작품 공모전	(사)환경실천연합회
제18회 전국 정지용 백일장	옥천군, 옥천문화원 외
제21회 전국 초·중·고등학생 백일장	장애인먼저실천운동본부
제3회 호국안보청소년 문예작품 공모	대한민국무공수훈자회
제25회 전국 초등학생 금연 글짓기 공모	소년한국일보, 한국건강관리협회
622돌 제44회 세종날 기념 글짓기 대회	세종대왕기념사업회

대회명	주최
나라(독도)사랑 글짓기 국제대회	(사)나라(독도)살리기국민운동본부
제5회 화폐박물관 어린이 희망 글짓기 대회	한국조폐공사
제29회 전국 청소년 숲사랑 작품공모전	산림청, 한국숲사랑청소년단

위에 소개한 대회는 전국 초등학생을 대상으로 한 것입니다. 여기에 나온 것 말고도 많은 대회가 있습니다. 특정 지역에 사는 학생만 참가할 수 있는 대회는 더 많으니 우리 지역 대회를 찾아 참가해 보세요.

동시 쓰기 1
주제와 사건 찾기

운동장에서 달리기를 한다고 생각해 보세요. 달리기 전에 몸을 풀지요. 그런 후에 온 힘을 다해 앞으로 달려 나갑니다. 글쓰기도 달리기와 비슷합니다. 무조건 쓰기 시작해서는 안 됩니다. 그러면 내용이 서로 엉키고 정작 하고 싶은 말은 못 쓰게 되거든요.

글제를 보고 주제 정하기

시를 쓸 때도 먼저 준비 운동을 해야 해요. 대회에서 글제가 주어지면 바로 시를 써 내려가는 게 아니라 내가 전하고 싶은 주제부터 정합니다. 예를 들어 '선생님'을 보고 어떤 주제를 떠올릴 수 있을까요?

선생님

주제:
① 선생님은 우리 모두를 사랑하신다.
② 공부를 가르쳐 주시는 선생님께 감사드린다.
③ 선생님은 나를 가르쳐 주시는 좋은 친구다.
④ 나는 우리 선생님이 정말 좋다.
⑤ _____

여러분의 생각을 써 보세요.

아마 '선생님'을 보고 ①~④번 주제를 떠올리는 사람이 많을 겁니다. 즉, 대회에 참가한 학생들이 거의 비슷한 주제를 떠올린다는 거지요. 그러니 내가 쓴 동시가 심사위원의 마음을 사로잡으려면 다른 참가자와는 확연하게 다른 것이 있어야 해요. 어떻게 하면 같은 주제를 심사위원들의 눈에 띄게 표현할 수 있을까요? '선생님'이라는 같은 글제로 쓴 동시 세 편을 읽어 보세요.

가

선생님

우리 선생님은 호랑이
우리가 잘못했을 때에는
호랑이처럼 무섭지.

우리 선생님은 천사
우리가 착한 행동을 했을 때에는
천사처럼 활짝 웃으시지.

우리 선생님은 엄마
우리에게 어려움이 닥치면
엄마처럼 달려와서 우리를
도와주지.

나는 선생님이 참 좋다.

나

선생님

하늘 같은 마음으로
언제나 우리를 사랑하는
우리 선생님

바다 같은 마음으로
언제나 우리를 포근히
감싸 주시네

하늘과 같고
바다와 같은
우리 선생님

다

선생님

너희들은 최고였어.
말씀하시는 선생님의 목소리가
사알짝 떨려요

졸업을 축하해.
졸업장을 건네시는 선생님의 손끝이
사알짝 떨려요

중학교 생활 잘 하고,
건강하고, 잘 가.
마지막 인사말을 하시는 선생님의 눈가가
사알짝 떨려요

교문을 나서며 선생님을 향해
손을 흔드는 나의 마음이
사알짝 떨려요

　여러분이 심사위원이라고 생각해보세요. 상을 주고 싶은 시는 어떤 것인가요? 저라면 다를 뽑을 겁니다. 가, 나에 비해 다에서 더 크게 감동을 느꼈기 때문입니다. 가, 나, 다의 주제는 '선생님은 우리를 사랑하고, 나도 선생님이 좋다'입니다. 같은 주제인데도 다에서 더 감동을 느낀 이유는 바로 선생님의 사랑을 떨리는 목소리와 손끝, 눈가로 비유적으로 표현했고, 글쓴이의 마음 또한 떨린다고 표현해서 선생님에 대한 애정을 보여 줬기 때문입니다.

가와 나에서는 글쓴이와 선생님의 마음을 너무 단순하게 표현했기 때문에 상대적으로 다만큼 감동적으로 다가오지 않습니다. 선생님을 호랑이, 천사, 엄마라고 생각한 부분이 좀 더 자연스럽게 표현되었다면 더 감동적이었을 거예요. 그리고 무엇보다도 가, 나에는 없고, 다에만 있는 어떤 것 때문에 다가 더 좋은 시로 느껴집니다. 그게 뭔지 찾아보세요.

주제를 떠올리게 하는 사건 쓰기

가, 나에는 없고, 다에만 있는 것은 바로 '**사건**'입니다. 가, 나는 특정한 사건 없이 글쓴이의 마음을 나타냈어요. 그에 비해 다는 '졸업식 날의 선생님'으로 글쓴이의 마음을 표현했어요. 이것이 바로 사건입니다.

동시는 사진처럼 특정한 장면을 시간이 멈춘 것처럼 표현하는 게 좋아요. 시에서 표현한 장면이 생생하게 그려진다면 그 시는 좋은 시라고 할 수 있지요. 그런데 가, 나는 읽어도 장면이 떠오르지 않습니다. 하지만 다는 졸업식이 딱 떠오릅니다. 이처럼 시를 읽었을 때 어떤 장면이 머릿속에 그려지도록 하는 것이 더 큰 감동을 느끼게 하는 장치가 됩니다.

다에는 졸업식 날 마지막 인사를 나누는 선생님의 모습이 잘 표현되어 있어요. '선생님은 우리를 사랑한다'거나 '선생님이 우리와 헤어져서 아쉬워한다'는 말은 없지만, 학생을 떠나보내며 울먹이는 모습을 통해 선생님의 사랑을 느낄 수 있어요. 또 그런 선생님에게 감사와 애정을 느끼는 학생의 마음도 느낄 수 있지요. 우리가 겪었거나 봤던 졸업식이 머릿속에 그려지면서 시의 내용과 비슷한 감정을 떠올릴 수 있기 때문이에요.

그래서 동시를 쓸 때에는 어떤 특정한 사건을 선택하는 게 좋습니다. 누구나 쉽게 생각할 수 있는 사건도 괜찮지만 내가 겪은 독특한 경험이면 더 좋아요. 여기서 '독특한 경험'은 '다른 사람은 한 번도 못 해 본 경험'을 말하는 것은 아니에요. 또한 이상한 경험을 말하는 것도 아니에요. 일상적인 상황에서 내가 어떤 감정을 느꼈고, 그것을 나만의 표현으로 나타낼 수 있다면, 그것이 독특한 경험이 됩니다.

연습하기

예시 답안 **229**쪽

다음 글제를 보고, 동시 쓰기에 적절한 사건을 떠올려 보세요.

봄

사건 1

사건 2

산

사건 1

사건 2

동시 쓰기 2
줄글 쓰고 표현 고치기

시를 쓸 사건을 떠올렸으면 이제 이것을 줄글로 써 보아야 해요. '줄글'이란 어떤 특정한 형식이 없는 긴 글을 말해요. 글의 길이가 정해진 것은 아니므로 어떤 일이 있었는지, 그때의 내 생각과 느낌은 무엇이었는지를 여러 개의 문장으로 써 보는 거예요.

줄글 쓰기

아래는 '봄'과 관련된 주제를 정하고 사건을 떠올린 뒤 줄글로 쓴 것입니다. 이걸 보면 줄글을 어떻게 쓰는지 알 수 있어요.

글제: 봄
주제: 봄이 오면 할머니의 사랑이 떠오른다
사건: 할머니가 봄나물이 가득한 밥상을 차려 주셨다
시골 할머니 댁에 갔다. 할머니께서 점심을 차려 주셨는데, 밥상에는 미나리, 쑥, 달래 등 봄나물이 가득 있었다. 우리가 왔다고 할머니께서 이른 아침부터 나물을 캐고 준비하셨다고 했다. 오랜만에 우리를 보신 할머니께서는 계속 웃으셨다. 할머니 마음에는 우리가 봄인가 보다.

줄글 짧게 고치기

이제 줄글을 짧게 줄여서 동시로 만듭니다. 왼쪽에 쓴 줄글을 어떻게 짧게 고쳐 동시로 만들었는지 살펴보세요.

	봄
~~시골~~ 할머니 ~~댁에 갔다.~~ 할머니께서 점심을 차려 주셨는데, 밥상에는 미나리, 쑥, 달래 등 봄나물이 가득 있었다. ~~우리가 왔다고 할머니께서 이른 아침부터 나물을 캐고 준비하셨다고 했다.~~ 오랜만에 우리를 보신 할머니께서는 계속 웃으셨다. 할머니 마음에는 우리가 봄인가 보다.	할머니가 차려 주신 점심 미나리 쑥 달래 봄나물이 가득한 할머니 밥상 우리를 보고 웃으시는 할머니 할머니에겐 우리가 봄인가 봐.

줄글을 짧게 고친다는 것은 줄글에서 필요하지 않은 부분을 없애는 과정입니다. 하지만 이것이 동시 쓰기의 마지막 단계가 아니니까, 애써 운율을 맞추거나 색다른 표현을 더하지 않아도 됩니다. 여기서 중요한 것은 줄글의 내용을 줄여 짧게 표현한다는 거예요. 시로 나타낼 때 필요하지 않은 부분이나 설명하는 말은 모두 지우면 됩니다.

운율 살리기

자, 이제 짧게 고쳐 쓴 글을 동시답게 표현하는 단계입니다. 우리가 흔히 알고 있는 동시의 가장 큰 특징이 잘 드러나게 표현하는 거예요. 동시는 운율이 있는 글이지요. 운율이라는 것은 리듬이 느껴지는 상태를 말해요. 그래서 이것을 '노래하는 느낌'이라고 말하기도 해요. 운율을 살리는 방법은 문장 구조를 반복하거나, 특정한 단어/발음이 비슷한 단어를 반복하는 것입니다. 가에 운율을 더해 보겠습니다.

가	나
봄	봄
할머니가 차려 주신 점심 미나리 쑥 달래	할머니가 차려 주신 밥상 미나리가 향긋 쑥이 향긋 달래가 향긋
봄나물이 가득한 할머니 밥상	향긋함이 방긋 할머니의 봄 밥상
우리를 보고 웃으시는 할머니	할머니는 우리를 보고 방긋
할머니에겐 우리가 봄인가 봐.	할머니에겐 우리가 봄인가 봐.

나에는 '향긋/밥상'이라는 단어가 반복되면서 운율이 생겼습니다. 또 '향긋'과 발음이 비슷한 '방긋'을 넣어 시에 리듬감을 더하고 있지요. 그래서 노래처럼 느껴집니다. 운율을 살린 다른 예시도 하나 더 들어 볼게요.

일회용 비닐봉지
버리지 말지어다
태우지 말지어다
땅에 묻지 말지어다
이 피해는 우리의 것이 될지어다

바다로 떠내려간 비닐봉지
잘게 잘게 쪼개져서
물고기가 먹고
우리가 먹고

비닐봉지 대신 에코백
비닐봉지 대신 종이봉투

　이 시에서도 '~지어다/먹고/비닐봉지/대신' 같은 단어가 반복되고 있어요. 어떤 말이 반복되면 글이 꼭 노래처럼 느껴지는 효과가 나지요. 여러분은 사실 운율에 무척 친숙하답니다. 여러분이 좋아하는 랩 음악이 바로 이 운율을 잘 살려서 만든 것이기 때문이죠.

표현 살리기

　동시 쓰기의 마지막 단계는 '표현 살리기'입니다. 다른 사람이 생각하지 못했던 여러 기발한 표현이 들어가야 좋은 동시가 됩니다. 이렇게 기발한 표현을 넣는 것을 '표현 기법'이라고 하는데, 동시에 쓰면 좋은 표현 기법에는 직유법과 은유법이 있습니다.

직유법 ▶ 어떤 대상을 그와 비슷한 다른 대상에 직접 빗대는 방법으로, '같은, 같이, 처럼' 등을 함께 쓴다.

고사리 같은 손

홍당무 같이 빨개진 얼굴

꽃처럼 아름다운 마음

은유법 ▶ 어떤 대상을 '가는 나다' 식으로 다른 대상과 같은 것으로 보고 비교하는 방법으로, '같은, 처럼' 없이 표현한다.

내 마음은 호수요

침묵은 금이다

목련은 새하얀 알

 이런 표현 기법을 쓰면 비교적 길이가 짧은 동시의 특징을 더 잘 살릴 수 있어요. 내용을 길고 자세하게 쓰지 않아도 읽는 사람에게 공감을 이끌어 낼 수 있는 거죠. 물론 표현 기법이 모든 시에 반드시 들어가야 하는 것은 아닙니다. 하지만 표현 기법은 동시를 좀 더 재미있고 의미 있게 만드는 장치가 됩니다. 즉, 내 작품을 심사위원의 눈에 띄게 해 줄 수 있는 것입니다.

 동시를 쓸 때 가장 중요한 것은 자기 느낌을 솔직하게 표현하는 것입니다. 그렇게 쓴다면 동시의 운율이 조금 덜 느껴지더라도, 표현 기법을 사용하지 않아도 읽는 사람이 감동을 느낄 수 있어요.

동시 쓰기

1. 글제를 보고 주제 정하기
2. 주제에 알맞은 사건을 떠올리기
3. 줄글로 표현하기
4. 줄글에서 필요 없는 부분을 줄여 짧게 바꾸기
5. 운율을 살리거나 신선한 표현 기법을 사용해서 시로 완성하기

연습하기

1 예시처럼 아래의 줄글에서 필요 없는 부분은 줄로 그어 보세요.

예시
~~시골 할머니 댁에 갔다.~~ 할머니께서 점심을 차려 주셨는데, 밥상에는 미나리, 쑥, 달래 등 봄나물이 가득 있었다. ~~우리가 왔다고 할머니께서 이른 아침부터 나물을 캐고 준비하셨다고 했다.~~ 오랜만에 우리를 보신 할머니께서는 계속 웃으셨다. 할머니 마음에는 우리가 봄인가 보다.

내 친구 보미는 이름 때문에 별명이 '봄'이다. '봄이'나 '보미'가 발음이 똑같으니까 그냥 그게 별명이 되었다. 그래서 TV나 노래에 사계절 봄/여름/가을/겨울 중에 봄이 나올 때마다 보미가 떠오른다. 진짜 봄에도 보미가 떠오르는데 별명이 봄이라서 그런가 보다.

2 1번 예시로 쓴 시입니다. 표현 기법이 쓰인 곳을 찾아서 표시하고, 직유법인지 은유법인지 써 보세요.

봄

꽃밭 같은
할머니의 봄 밥상
미나리, 쑥, 달래
할머니 밥상은
봄 들판

보기만 해도 웃음이 나는
봄꽃 가득한 들판

보기만 해도 어여쁘다 하는
우리는
할머니의 봄꽃

할머니에겐
우리가 봄인가 봐.

예시 답안 **230**쪽

3 아래 시를 운율이 느껴지게 고쳐 보세요.

친구

내 친구 보미는
별명이 봄이다

봄이라고 할 때마다
보미가 떠오른다

별명이 봄이라서
그런가 보다

힌트: 문장의 구조 반복/ 단어 반복/
특정 소리 반복 71쪽 참고

이렇게 쓰면 안 돼요

여기까지 잘 따라왔나요? 감동적인 주제를 기발하게 표현해서 멋진 동시를 완성했다면, 이제 동시를 쓸 때 주의할 점에 대해서 알아보겠습니다.

주제가 너무 드러나지 않는 제목 짓기

글쓰기 대회에서 쓰는 동시는 대부분 대회에 나온 글제 그대로 제목을 붙이는 경향이 있습니다. 이것은 동시라는 글의 유형과 관련이 있습니다. 긴 글은 다 읽는 데 시간이 많이 걸립니다. 그러므로 제목이 글의 내용을 압축해서 드러내 주어야 합니다. 이때 제목은 긴 글을 읽다가 중간에 포기하지 않도록 해주는 장치입니다. 제목을 보고 어떤 내용일지 생각하며 읽게 되는 것이지요.

하지만 동시는 금방 읽을 수 있습니다. 한 편을 읽는 데 채 1분도 걸리지 않기도 하죠. 그러므로 굳이 제목으로 내용을 짐작하게 할 필요가 없습니다. 그래서 동시는 주어진 글제를 그대로 제목으로 붙이는 경우가 많습니다.

예를 들어, 동시 대회에서 글제로 '할아버지'가 나왔다면 굳이 '할아버지의 사랑'이나 '우리를 사랑하시는 할아버지'와 같이 주제가 직접 드러나게 제목을 붙이지 않습니다. 궁금증을 유발하는 제목을 생각해 내거나 이것이 어렵다면 글제 그대로 '할아버지'라고 제목을 붙이면 됩니다.

일반적인 범위 안에서 솔직하게

앞서 자신의 감정을 솔직하게 드러내야 좋은 동시라고 했습니다. 하지만 이 '솔직함'에도 정도가 있어요. 일반적으로 우리 사회가 허용하는 범위 안에서만 표현해야 하는 거죠. 앞에서는 솔직하라고 해 놓고 이제 와서 말이 다르다고요? 네, 세상은 나 혼자 살아가는 것이 아니기 때문에 다른 사람들이 인정할 수 있는 범위 내에서 솔직해야 합니다. 왜 그럴까요?

친하지 않은 친구가 자꾸 같이 놀자고 하면 대답하기가 힘들겠죠. 그렇지만 그 친구에게 "나한테 말 걸지 마. 나는 네가 너무 싫어."라고 말해서는 안 됩니다. 그 친구가 상처를 받을 수도 있으니까요. 그래서 우리는 감정을 표현할 때 다른 사람이 상처받지 않도록 말하고 행동합니다. 그것이 이 사회에서 여러 사람과 어울려 살아가는 방법이에요.

동시를 쓸 때도 마찬가지입니다. 특히 부정적인 감정의 경우 솔직하게 풀어 놓더라도 읽는 사람의 마음이 상할 정도로 거칠거나 무례하게 쓰지 않아야 합니다. 우리가 문학 작품을 읽는 이유는 재미와 즐거움을 찾기 위해서예요. 그런데 마구잡이로 풀어 놓은 감정의 덩어리를 읽는다면 과연 재미를 느낄 수 있을까요? 그런 글을 읽으면 오히려 불편한 마음만 들 거예요. 이와 같은 이유로, 동시를 쓸 때에는 여러 사람이 인정하고 공감할 수 있는 감정을 솔직하게 써야 해요.

비속어나 유행어는 금지

　비속어처럼 바르지 않은 말이나 유행어, 또 특정 집단에서만 사용하는 '은어'는 시에 사용하지 않아야 합니다. 다음 시를 읽어 보세요.

간지나는 저 학교, 우리 학교
갠소하고 싶은 저 학교, 우리 학교

님선하고 싶은 저 학교, 우리 학교
당빠 좋은 학교, 우리 학교

므흣 므흣
잇힝 잇힝

　혹시 이 시를 기억했다가 다음에 다시 읽고 싶은가요? 저는 그런 생각이 들지 않는데 그 이유는 비속어와 은어를 사용해서 시의 아름다움이 사라졌기 때문입니다. 또한 우리는 글쓰기 대회의 심사위원이 누구인지 생각해야 해요. 보통, 학교 선생님이나 작가가 심사위원이 되는데 이분들은 고운 말로 시를 쓰는 것에 익숙하고 또 일부러 고운 말을 찾아 쓰려고 노력하지요. 그러니 유행어나 은어가 들어간 시를 보면 대회를 우습게 보고 장난을 친다고 생각할 수 있어요. 덧붙여 억지로 운율을 맞추려고 하지 마세요. 운율이 없어도 감동을 주는 시를 쓸 수 있으니까요. 운율은 시를 돋보이게 하는 여러 장치 중에 하나라는 것만 기억하세요.

너무 자세하지 않도록

또 너무 지나치게 자세하게 내용을 설명하지 않아야 합니다. 앞에서 사진처럼 장면이 떠오르는 동시가 좋은 동시라고 했는데요. 하지만 그것을 위해서 시를 너무 자세하게 쓰는 것은 좋지 않습니다. 장면을 너무 자세하게 묘사하면 읽는 사람이 상상하는 것을 방해합니다.

예를 들어, 55쪽에 나온 〈섬〉이라는 시의 '섬 안에 섬이 있다'는 구절을 생각해 보세요. 사람에 따라 섬과 섬이 연결되어 있다고 볼 수도 있고, 큰 섬 옆에 작은 섬이 있다고 볼 수도 있습니다. 또 크고 작은 섬이 서로의 빈 곳을 메우듯 자리할 수도 있고요. 섬을 사람으로 해석해서 사람의 마음속에 또 다른 섬(마음)이 있다고도 해석할 수 있어요. 하지만 이런 것들을 동시에서 너무 자세히 표현하면 독자가 상상할 여지가 없어집니다. 동시를 읽으면서 상상할 수 있는 재미를 독자에게서 뺏지 않는 것도 중요해요.

연 습 하 기

1 아래 시에서 문제가 되는 부분에 표시해 보세요. 무엇이 문제인지도 적어 보세요.

추석

추석이 되었어여.
온 가족이 모였져.

우리는 송편을 빚었어여.
예쁜 모양으로 빚었져.
내 건 망했지만 엄마 건 ㅇㅈ

맛있게 먹었어여.
즐거운 추석이에여.

문제점:

2 아래 시가 좋은 동시가 아닌 이유를 보기에서 골라 보세요.

찜질방

찜질방으로 놀러 가는 길
벌써부터 마음이 설렌다

입장료를 내고
주차장에 내려가
주차 기다리는 중,
얼른 들어가고 싶다

뜨거운 물에 한 번
차가운 물에 한 번
탕에서 나와 때를 밀고
몸무게를 재고 식혜를 마시고

찜질방에서 열심히 놀다 보면 사람들은 쿨쿨
나도 가족들 옆에 가 함께 자고 있다

① 시에 등장하는 인물이 한 일이 너무 자세하여 시의 내용을 상상하기 어렵기 때문에
② 시에 등장하는 인물이 여러 명인데 한 명이 한 일만 나타나 있기 때문에
③ 시의 앞부분은 길지 않은데 뒤에는 너무 길어서 시라고 생각하기 어렵기 때문에
④ 시에 등장하는 인물이 간 곳은 찜질방인데 마치 목욕탕에 간 것처럼 표현하였기 때문에
⑤ 찜질방에 놀러 간다고 해서 설레는 마음이 들지 않는데, 그 마음을 과장해서 표현했기 때문에

나만의 동시 쓰기

1 글제를 보고 내가 겪은 사건을 여러 가지 떠올려서 써 보세요.

우산

사건 1   바람이 너무 불어서 우산이 자꾸 이리저리 뒤집힌 일

사건 2   _____

사건 3   _____

2 1번에서 동시로 쓰고 싶은 사건을 하나 고르세요. 그 사건으로 드러내고 싶은 주제를 써 보세요.

드러내고 싶은 주제
예시 우산이 획획 뒤집히는 것이 다른 사람을 대하는 내 마음 같아서 부끄러웠다.

3 2번에 쓴 주제가 나타나게 줄글로 써 보세요.

> **예시**
>
> 비가 와서 우산을 쓰고 학교에 갔다. 그런데 바람이 너무 많이 불었다. 우산이 바람에 날아갈까 봐 두 손으로 꽉 움켜잡았다. 그랬더니 우산의 오른쪽이 뒤집어졌다. 손으로 뒤집힌 데를 바로잡아 내렸더니 이번에는 왼쪽이 뒤집어졌다. 다시 뒤집힌 부분을 바로잡기가 무섭게 또 뒤집어졌다. 바람이 조금만 불었다 하면 우산이 획획 뒤집어졌다. 뒤집힌 우산을 바로잡느라 나는 비에 흠뻑 젖었다. 나는 뒤집힌 우산이 꼭 내가 친구들을 대할 때와 비슷하다고 느껴졌다. 친구들이 내 마음에 안 들게 행동하거나 말을 하면 금방 토라지기 때문이다. 나의 변덕 때문에 내 친구들은 우산이 뒤집혀 비를 맞은 나처럼 힘이 들고 기분이 나빴을 것이다.

4 3번에 쓴 줄글의 필요 없는 부분을 삭제해서 간단히 만들어 보세요. 3번으로 돌아가서 삭제해도 됩니다.

예시

~~비가 와서 우산을 쓰고 학교에 갔다.~~ 그런데 바람이 너무 많이 불었다. ~~우산이 바람에 날아갈까 봐 두 손으로 꽉 움켜잡았다.~~ 그랬더니 우산의 오른쪽 부분이 뒤집어졌다. ~~손으로 뒤집힌 부분을 바로잡아 내렸더니~~ 이번에는 왼쪽 부분이 뒤집어졌다. ~~다시 뒤집힌 부분을 바로잡기가 무섭게 또 발랑 뒤집어졌다.~~ 바람이 조금만 불었다 하면 ~~우산이 휙휙 뒤집어졌다.~~ 뒤집힌 우산을 바로잡느라 나는 비에 흠뻑 젖었다. ~~나는 뒤집힌 우산이 꼭 내가 친구들을 대할 때와 비슷하다고 느껴졌다.~~ 친구들이 내 마음에 안 들게 행동하거나 말을 하면 금방 토라져 버리기 때문이다. 나의 변덕 때문에 내 친구들은 우산이 뒤집혀 비를 맞은 나처럼 힘이 들고 기분이 나빴을 것이다.

5 4번 내용을 짧게 간추려 시를 써 보세요.

예시

우산

바람이 오른쪽에서 분다
우산 오른쪽이 뒤집힌다

바람이 왼쪽에서 분다
우산 왼쪽이 뒤집힌다

양쪽에서 휘이잉
우산이 또 뒤집힌다

뒤집힌 우산 아래
나의 몸에 빗물이 뚝뚝

어제 토라진 나 때문에
친구의 오른쪽 마음이 뒤집힌다

오늘 토라진 나 때문에
친구의 왼쪽 마음도 뒤집힌다

나의 변덕 때문에
친구의 눈물이 뚝뚝

6 운율을 추가하거나 표현 기법을 사용해서 동시를 바꾸어 써 보세요.

예시

우산

오른쪽에서 휘이잉 ← 의성어
우산 오른쪽이 발라당 ← 의태어

왼쪽에서 휘이잉
우산 왼쪽이 발라당 ← 같은 단어 반복

뒤집힌 우산 아래
나의 몸에 빗물이 뚝뚝

어제 토라진 나 때문에
오늘 토라진 나 때문에 ← 같은 단어/구조 반복
친구의 온 마음이
뚝뚝 젖어든다

내 변덕이 친구에게
비처럼 내린다 ← 직유법
친구의 볼에
눈물이 뚝뚝

7 글제를 보고 나만의 동시를 써 보세요.

사다리

| 시 | 작 | 해 | 요 |

2020년 ○월 ○일
날씨: 비

쓸 내용이 없어~!

　오늘 글쓰기 대회를 했다. 나는 '추석'에 대해 썼다. 그런데 아무리 써도 선생님이 나누어 주신 종이를 다 채울 수 없었다. 당연하다. 추석에 할아버지 댁에 친척이 모인 거랑, 같이 음식을 만든 거랑, 그리고 사촌 형이랑 딱지 놀이한 거랑 이렇게 쓰면 몇 줄 안 나온다. 하지만 선생님은 "몇 줄 쓰고 다 썼다고 하지 말고, 종이 앞뒤로 다 채울만큼 써 보도록 해."라고 하셨다.

　세상에! 종이의 앞면만 줄이 빡빡 그어진 것이 아니라, 뒷면에도 줄이 한 가득이다. 저걸 어떻게 다 채운단 말인지. 아니 이건 말이 안 된다.

　추석 때 한 일을 아무리 쪼개어 보아도 안 된다. 할아버지 댁에 간다고 차가 막힌 거, 휴게소에 들러서 내가 좋아하는 소떡소떡 사 먹은 거, 할아버지 댁에서 만든 음식을 같이 나누어 먹은 거.

　봐라. 이렇게 써도 세 줄 밖에 안 나온다. 다른 친구들도 나처럼 종이를 다 채우지 못하는 것 같았다. 선생님도 직접 쓰면 종이를 앞뒤로 다 못 채우실 거면서 괜히 우리한테 저런다.

일기의 주인공은 '추석'에 대해 쓸 내용이 별로 없는데 선생님은 자꾸 더 쓰라고 한다며 화를 내고 있네요. 여러분도 글을 쓸 때 이런 마음이 드나요? 쓰고 싶은 말은 다 써서 더 쓸 것이 없는데, 선생님은 계속 "좀 더 써 봐."라고 하지요?

쓸 내용이 없다는 것에는 두 가지 문제가 있어요. 첫째는 글의 내용을 알차고 단단하게 뭉치지 못했다는 것입니다. 내용을 뭉친다는 것은 핵심 내용을 중심으로 다른 작은 사건들을 엮어내는 겁니다. 추석날 하루 동안 있었던 일은 할아버지 댁에 가기 전과 가서 있었던 일로 나눌 수 있는데, 이 과정에서 작은 사건이 없었다고 느꼈기 때문에 쓸 내용이 없는 거예요. 사건이 꼭 엄청난 일을 의미하지는 않습니다. 큰 사건 안에 있는 작은 사건을 정리해서 잘 연결하면 글의 내용을 알차게 뭉치게 됩니다.

둘째는 글의 주제를 생각하지 못했다는 것입니다. 일기 주인공은 추석날에 있었던 일을 시간 순서대로 썼습니다. 추석에 '가장' 기억에 남는 일을 쓴 것이 아니기 때문에 있었던 일을 나열하고 나면 더 쓸 내용이 없어지는 거예요. 있었던 일만 쓰는 것이 아니라 '추석'과 관련된 주제를 떠올리고, 관련된 사건을 떠올렸다면 글을 길게 쓸 수 있었을 거예요.

일기 주인공이 써야 하는 '추석'이라는 생활문처럼 긴 글은 '가운데(본문)-처음-마무리' 순서로 쓰는 게 좋습니다. 여러 학생을 지도했을 때 경험으로 보니 글을 순서대로 쓰면 학생들이 집중력을 잘 유지하지 못했어요. 그래서 쓰는 사람과 읽는 사람 모두에게 가장 흥미로운 '가운데(본문)'를 먼저 쓰는 것을 추천합니다. 자, 같이 생활문에 대해 알아보러 갈까요?

생활문이 뭔가요?

'생활문'은 생활 속에서 체험한 이야기를 실감 나게 적은 글을 말해요. 그래서 계곡에 놀러 간 일, 가족들과 함께 김밥을 싼 일 등 소소한 일상이 모두 생활문이 될 수 있어요.

그렇다면 이런 생활문은 왜 쓸까요? 글을 쓰는 이유는 글을 읽는 사람과 관련이 있습니다. 예를 들어 동시는 '감동'을 주기 위해 쓰고, 논설문은 글을 읽는 사람에게 글쓴이의 생각을 '설득'하기 위해 쓰고, 설명문은 어떠한 사실이나 대상을 '알리기' 위해 씁니다. 그리고 지금부터 배울 생활문은 동시와 마찬가지로 읽는 사람에게 '감동'을 주기 위해 씁니다.

하하하 크게 웃는 재미, 한 편을 다 읽고 나서 더 읽고 싶다는 생각이 드는 즐거움, 다른 사람의 경험을 통해 자신의 생활을 되돌아보는 깨달음, 가슴이 찡하게 울리는 슬픔이나 기쁨까지 모두 감동을 주는 감정입니다. 이렇게 일상적인 내용으로 마음을 움직이는 생활문을 쓰는 방법을 배워 봅시다.

생활문을 잘 쓰려면 어떻게 해야 하나요?

대회에 나가 상을 받으려면 당연히 글을 잘 써야 합니다. 그렇다면 상을 받는 생활문과 그렇지 않은 생활문은 어떻게 다를까요? 아래는 대회에서 좋은 점수를 받기 어려운 생활문 예시입니다.

추석

드디어 추석이다. 우리 가족은 추석을 보내기 위해 할아버지 댁으로 출발했다. 아빠가 운전을 하시고, 나와 형은 뒷자리에 탔다. 4시간 정도 걸려 할아버지 댁에 도착했다. 할아버지 댁에는 다른 친척들이 벌써 와 있었다. 우리는 큰아버지와 큰어머니를 도와 음식을 했다. 엄마와 아빠는 전을 부치고 형과 나, 사촌 형은 송편을 만들었다. 형이 일부러 모양을 이상하게 만들어서 계속 웃었다. 저녁에는 가족들이 모여 맛있는 음식을 먹었다. 저녁을 다 먹고 어른들은 술을 드시고, 우리는 모여서 포켓몬 딱지놀이를 했다. 사촌 형이 제일 잘해서 딱지를 가장 많이 모았다. 형은 처음에는 자기는 딱지놀이를 잘 못한다고 했는데 그것은 거짓말이었던 거다. 어른들도 즐겁고, 우리도 즐거운 추석날이었다.

이 글은 왜 대회에서 좋은 점수를 받지 못할까요?
① 글자를 틀리게 써서
② 글의 길이가 너무 짧아서
③ 자신이 한 일보다 다른 사람이 한 일이 더 많아서
④ 자신의 느낌이 글의 마지막 부분에만 나타나 있어서

여러분은 몇 번을 골랐나요? 사실, 보기에는 정답이 없습니다. 이 글이 좋은 점수를 받을 수 없는 가장 큰 이유는 '주제'가 잘 드러나지 않았기 때문이에요. '주제'란 글쓴이가 글을 통해서 드러내고 싶은 생각을 말해요. 모든 글은 주제가 있어야 합니다.

이 글은 있었던 일을 줄줄이 말한 것이라서 글쓴이가 전달하고 싶은 주제가 뭔지 알 수 없고, 특징도 없어서 밋밋합니다. 이렇게 글에 특징이 없으면 읽는 사람이 별로 재미를 느끼지 못해요. 재미가 없으니 다 읽고 나서도 기억에 남지 않습니다. 그러면 당연히 수백 편에서 수 천 편의 글을 읽는 심사위원에게 좋은 인상을 남길 수 없습니다.

이 예시를 보면 알 수 있듯이 생활문으로 상을 받는 비법은 두 가지입니다. 첫 번째는 주제를 드러내는 것이고, 다른 하나는 글을 특징 있게 쓰는 것이죠.
　지금부터 톡톡 튀는 생활문을 쓰러 갑시다. 출발~!

생활문 쓰기 대회에는 어떤 것들이 있나요?

2019년에 개최되었던 생활문 쓰기 대회에는 다음과 같은 것들이 있어요.

대회명	주최
2019 이어도 어린이&청소년 글쓰기 공모전	(사)이어도연구회, 한겨레교육
2019 충렬공 박제상 추모 전국 백일장	(사)한국문인협회 양산지부
제27회 우체국예금보험 글짓기 대회	우정사업본부 외
제5회 서초전국백일장	서초문인협회
제7회 전국 초·중·고등학생 사랑의 열매 나눔 공모전	사회복지공동모금회 사랑의 열매
2019 호미문학대전 전국 한글백일장	경상북도, 포항시, 경북일보
2019 원주박경리문학제 전국 청소년 백일장 공모	토지문화재단
2019 펄벅기념 문학상 공모전	부천펄벅기념관, 부천문화재단
제4회 충청남도 인권작품 공모전	충청남도
제16회 오대산 전국 학생 백일장 및 미술 공모전	대한불교조계종 월정사 외

글의 유형을 생활문으로 한정하지 않고, 산문으로 제시하는 대회도 있습니다. 〈○○ 백일장〉은 대부분 운문/산문 부문으로 나누어 참가 신청을 받습니다. '산문'은 자유롭게 쓴 글을 말하는데 여기에 생활문이 포함됩니다. 그러니 생활문으로 대회에 참여하고 싶다면 대회 이름에 '백일장'이 들어가는지 잘 살펴보아야 합니다.

대회명	주최
제20회 전국 학생 한글백일장	산청문화원
제2회 오마이뉴스 통일염원 글짓기대회	오마이뉴스
제3회 충.효.예실천 전국글짓기 공모전	(사)충효예실천본부 외
제1회 다선문학예술제 평화의소녀 전국백일장대회	(사)한국다선예술인협회
제28회 목포 소영 박화성 전국 백일장	(사)한국문인협회 목포지부
제11회 전국청자백일장	강진군, 강진군도서관
제20회 도산 안창호 글짓기 공모	도산안창호선생기념사업회
제16회 황순원문학제 백일장	황순원기념사업회 외
제12회 매헌글짓기 공모전	매헌윤봉길의사기념관

생활문 쓰기 1
감동적인 주제 정하기

주제는 딱 한 가지만

모든 글에는 딱 하나의 주제만 담겨야 해요. 주제가 여러 개면 읽는 사람은 글쓴이가 진짜 말하고 싶어하는 내용을 파악하기 어려워요. 다음 글을 보면 이 말이 무슨 뜻인지 알 수 있습니다.

가을

나는 가을이 좋다. 가을이 되면 노란 은행잎을 볼 수 있다. 노랗게 물든 은행나무가 길가에 나란히 서 있는 모습은 그림처럼 아름답다. 가끔 바람이 불어 노란 은행잎에 우수수 떨어질 때면 하늘에서 황금이 떨어지는 기분이 들기도 한다. 하지만 은행은 냄새가 똥 같아서 싫다. 그것을 밟기라도 하면 신발에서 냄새가 사라지지 않는다. 어떤 책에서 읽으니 은행 열매에서 냄새가 많이 나는 이유는 다른 동물들이 은행 열매를 먹지 않도록 하기 위해서라고 한다. 냄새가 많이 나니까 동물들이 열매를 먹지 않아서 씨를 많이 남길 수 있게 된다는 것이다. 나무지만, 은행나무가 살아남기 위해 매우 지혜롭다는 생각을 하였다.

이 글에서 글쓴이가 말하고 싶은 것은 '노란 은행잎을 볼 수 있어서 가을이 좋다. 은행나무가 자신의 씨를 보호하는 방법이 지혜롭다.' 이렇게 두 가지입니다. 두 개의 내용이 자연스럽게 연결은 되지만 이 글은 대회에서 상을 받기 어려울 가능성이 높습니다. 진짜 하고 싶은 말이 무엇인지 명확하지 않기 때문에 글을 읽은 사람이 '재미있었다' 혹은 '슬프다' 등의 감상을 느끼기 어렵고, 그래서 심사위원에게 좋은 인상을 줄 수가 없습니다.

감동을 주는 주제

생활문은 읽는 사람에게 감동을 주어야 합니다. 그러려면 감동을 줄 수 있는 주제로 글을 써야 하겠죠. 93쪽에 나왔던 〈추석〉과 〈가을〉을 비교해 봅시다.

제목	주제
추석	추석은 즐겁다
가을	노란 은행잎을 볼 수 있는 가을이 좋다 / 은행나무가 자신의 씨를 보호하는 방법이 지혜롭다

감동을 느낄 수 있는 주제는 읽었을 때 설레거나, 기쁘거나 혹은 슬프거나, 아름답다고 느끼거나, 깨달음을 얻는 등의 마음의 변화가 있어야 합니다. 그런데 〈추석〉의 주제에서는 그런 감동을 느끼기가 어렵고, 〈가을〉은 주제가 여러 개라 일단 정리가 필요해 보입니다. 두 개의 주제를 아래처럼 바꾸면 어떨까요.

제목	감동을 주는 주제
추석	오랜만에 반가운 친척을 볼 수 있는 추석은 즐겁다(가족에 대한 사랑)
가을	거리를 노랗게 물들이는 은행나무가 있어 가을이 좋다 (아름다움)

어떤 소재를 보자마자 감동적인 주제를 떠올리기는 어렵습니다. 그래서 먼저 소재와 관련된 주제를 한 가지 떠올린 다음, 그 주제를 감동적으로 바꿔나가는 게 좋습니다. 그 과정을 한번 살펴봅시다.

소재: 시계

주제: 그냥 흘러가는 시간이 아깝다 → 할아버지와 보내는 시간이 흘러간다
→ 할아버지와 오래 함께 할 수 있도록 시간이 멈추면 좋겠다

'시계'라는 소재를 보고 '흘러가는 시간이 아깝다'는 주제를 생각했죠. 그런 다음에 왜 시간이 아까운지를 생각했습니다. 여러 이유 중에서도 할아버지 때문인 걸 찾았고, 이것을 좀 더 감동적으로 바꾸어 '할아버지와 오래 함께 할 수 있도록 시간이 멈추면 좋겠다'로 최종 주제를 정했습니다.

감동적인 주제를 만드는 것이 처음에는 어려울 수도 있지만 연습을 하면 점차 익숙해질 거예요. 뒤에서 연습해 보세요.

연습하기

예시 답안 **232**쪽

1 주제가 변하는 과정을 보고, 마지막은 감동을 주는 주제로 완성해 보세요.

안경

주제

안경을 쓰면 세상이 더 잘 보인다

→ '안경을 쓰면 친구의 장점을 더 잘 볼 수 있을까?'라고 생각했다

→

2 주어진 소재를 보고, 감동적인 주제를 적어 보세요. 먼저 일반적인 주제를 적고 점차 감동적으로 바꿔도 좋습니다.

우리 가족

주제

여행

주제

생활문 쓰기 2
주제와 어울리는 사건 찾기

내가 만약 대회의 심사위원이라면 다음 글 중 어떤 것을 더 잘 썼다고 평가할까요? 두 개의 글을 읽어 봅시다.

가

우리 이모

우리 막내 이모는 의사다. 엄마는 이모가 너무 바빠서 밥을 잘 못 먹는다고 했다. 그래서 엄마는 이모를 주려고 이모가 좋아하는 불고기도 하고, 장조림도 했다.

병원에 도착하고 나서 엄마가 전화를 하자 이모가 병원 밖으로 나왔다. 이모는 하얀 가운을 입고 있었는데, 나는 그게 참 멋있어 보였다. 이모는 엄마가 싸 간 밥을 맛있게 먹었다. 밥도 먹고 엄마가 열심히 준비한 불고기 반찬도 먹었다. 장조림도 맛있다고 다 먹었다.

큰 도시락의 밥을 다 먹고 나서 이모는 벌떡 일어나서 가야 한다고 했다. 이모는 "형식이, 안녕."이라고 나에게 인사하고는 엄마한테도 잘 먹었다고 인사했다. 엄마와 나는 이모가 병원 안으로 들어갈 때까지 서서 지켜보았다.

엄마는 이모처럼 사람의 목숨을 지키기 위해 노력하는 사람은 훌륭한 사람이라고 했다. 하지만 나는 이모가 밥도 잘 먹으면서 자신의 건강도 좀 지켰으면 좋겠다.

나

참새 사냥

우리 아파트 앞에 가로수에는 참새가 많이 산다. 어느 날 아침에는 참새 여러 마리가 한꺼번에 뽀르르 날아가는 것을 보기도 했다. 그런데 어제 오후에 형식이가 참새를 잡자고 했다. 내가 즐겨 보는 TV 프로그램 〈정글의 법칙〉처럼 말이다.

어떻게 잡느냐 하면 돌을 참새에게 던지는 것이다. 나는 형식이와 함께 참새를 잡기 위해 근처 공원에서 작은 돌을 많이 주웠다. 그리고 형식이와 나는 살금살금 가서 참새가 많은 나무 근처에 숨었다. 자동차 소리가 들리니까 참새가 후두둑 날아오르더니 내가 있는 쪽에 앉았다.

참새를 가까이에서 본 건 처음이었다. 그래서 참새가 그렇게 예쁜지 몰랐다. 참새는 눈이 새까맣고 몸집이 작아서 정말 귀여웠다. 다 똑같이 작아서 누가 엄마 참새인지, 누가 아기 참새인지도 구분할 수 없었.

내가 형식이에게 말했다.

"야, 진짜 참새 잡을 거야?"

형식이는 나를 슬쩍 보더니, 이렇게 말했다.

"저거 잡아도 못 먹겠다."

그래서 나도 말했다.

"그래. 너무 작아서 잡아도 배도 안 부르겠다. 우리 그냥 미끄럼틀이나 탈래?"

형식이는 100마리쯤 잡아야 배가 부르겠다며 차라리 엄마한테 통닭을 시켜 달라고 하는 게 더 낫겠다고 했다. 나도 그렇게 생각한다고 했다. 형식이와 나는 주워온 돌을 모두 공원에 버렸다. 돌을 버려서인지 발걸음이 엄청 가벼워졌다. 우리는 놀이터에서 〈정글의 법칙〉에 나오는 아저씨처럼 놀았다. 그 웅덩이를 피하는 것처럼 점프를 했다. 참새를 잡지 않아도 우리는 〈정글의 법칙〉에 나오는 사나이가 될 수 있었다.

가 글쓴이는 환자를 위해 애쓰는 이모가 밥을 챙겨 먹으며 스스로의 건강을 잘 지키면 좋겠다는 생각을 내보였어요. 나 는 친구와 참새 사냥을 하려다가 그만두었다는 이야기네요. 여러분은 어떤 글을 더 잘 썼다고 생각했나요? 제가 심사위원이라면 나 에 더 많은 점수를 줄 거예요. 그 이유는 두 가지입니다.

어울리는 사건으로 주제를 명확하게

첫 번째, '주제'를 제대로 표현했기 때문입니다. 가 의 주제는 '생명을 지키는 의사인 이모가 자신의 건강도 지키면 좋겠다'입니다. 나 의 주제는 '동물을 해치지 않고도 재미있게 놀 수 있다'입니다. 두 개의 글 중에서 주제를 제대로 표현한 것은 나 예요. 가 에 이모가 잠을 못 자거나 식사를 못하고 노력하는 장면이 잘 드러났더라면 더 높은 점수를 줬을 거예요. 하지만 가 에는 이모가 자신의 몸을 돌보지 않고 환자를 위해 희생하는 내용이 없어서 '자기 건강을 돌보지 않는다'는 부분이 표현되지 않았어요.

두 번째 이유는 가 에는 없지만 나 에는 있는 것 때문이에요. 바로 **사건**입니다. 사건이란 이야기에서 일어나는 일을 말해요. 〈흥부전〉에는 '흥부가 제비 다리를 고쳐주고 박씨를 받은 일'이 사건이고, 〈효녀 심청〉에서는 '심봉사가 공양미 삼백 석을 바치겠다고 한 일'이 사건입니다. 그럼, 심청이가 공양미 삼백 석에 자신을 팔겠다고 한 것은 사건이 아닐까요? 이것도 사건입니다. 이야기 속 사건은 서로 연결되어 있어요. 그러니까 〈흥부전〉에서 박씨를 받은 흥부가 부자가 된 것도 사건이고, 그 소식을 듣고 놀부가 일부러 제비 다리를 부러뜨린 것도 사건이에요.

그런데 <u>가</u>에는 사건이 없어요. 이모한테 도시락을 가져다주고, 이모가 그것을 먹은 것은 왜 사건이 아닌지 궁금하죠? '사건'과 '일'은 다른 것이기 때문입니다. 이야기 속 '사건'은 말 그대로 인물이 겪거나 벌이는 일을 말해요. '일'은 인물이 몸을 움직여서 무언가를 하는 행위 그 자체를 말해요. 사건과 일을 구별하는 가장 큰 기준은 '갈등'이에요. 갈등이란 등장인물끼리 생각이 달라서 부딪히는 것을 말해요. 갈등이 있어야만 사건이라고 할 수 있어요. <u>가</u>를 보면 이모가 열심히 밥을 먹은 '일'은 있지만, 인물 사이에 갈등을 일으킨 '사건'은 없어요.

앞서 93쪽에 나왔던 〈추석〉 역시 사건이 없어요. 할아버지 댁에 가서 한 일은 많지만, 그것 역시 사건은 아닙니다. 등장인물이 몸을 움직여 어떤 일을 했을 뿐, 등장인물 사이나 글쓴이 마음속에서의 갈등이 없기 때문에 글이 밋밋하고 재미가 없는 것이죠.

반면에 <u>나</u>에는 사건이 있습니다. 참새를 잡으려다가 참새를 가까이서 본 이후에는 잡고 싶지 않아진 나 자신과의 갈등을 겪었고, 참새를 잡으려는 형식이와 잡고 싶지 않은 내가 서로 갈등을 겪고 있어요. 이렇게 <u>나</u>에는 자기 자신과의 갈등과 다른 사람과의 갈등이 모두 나옵니다. 다만, 형식이도 참새를 잡지 않기로 금방 마음을 바꿔서 두 사람의 갈등이 오래 지속되지는 않았어요.

이제 <u>나</u>가 더 좋은 글인 이유를 알겠지요? 이렇게 ==주제가 잘 드러나고, 갈등이 있는 사건을 중심으로 생활문을 써야 좋은 점수를 받을 수 있습니다.== 그러기 위해서는 주제를 잘 드러낼 수 있는 사건을 찾아야 해요. 반대로 말하면 사건을 통해서 주제를 잘 표현해야 하고요. <u>가</u>의 주제를 '자신의 몸을 돌보지 않고 다른 사람의 목숨을 위해 애쓰는 이모가 자랑스럽다'라고 바꾼다면 다음 중 어떤 사건이 더 주제를 잘 드러낼 수 있을까요?

1	엄마가 정성 들여 싸 온 음식을 이모가 혼자인 환자에게 나누어 준 일
2	의사인 이모가 며칠 동안 잠을 제대로 자지 못해서 밥을 먹다가 잠이 들어 엄마가 속상해 한 일
3	더 많은 목숨을 구하기 위해 밥을 먹으면서도 책을 보는 이모 때문에 엄마가 짜증을 낸 일

여러분은 몇 번을 골랐나요? '자신의 **몸을 돌보지 않고** 다른 사람의 목숨을 위해 애쓰는 이모가 자랑스럽다'에서 밑줄 부분을 잘 드러내는 사건은 아마 두 번째일 거예요. 이처럼 생활문을 잘 쓰려면 감동적인 주제와 그 주제를 잘 드러내는 사건이 있어야 한다는 것을 꼭 기억하세요. 사건은 꼭 한 개일 필요는 없습니다. 주제를 드러내면서 서로 연결되는 2~3개의 사건으로 글을 쓸 수도 있습니다.

연 습 하 기

예시 답안 **232**쪽

1 주제와 사건 1을 보고 사건 2에 어울리는 내용을 써 보세요.

전복

주제   외면보다 내면을 볼 줄 아는 사람이 되도록 노력해야겠다

사건 1   울퉁불퉁 겉모습이 못생긴 전복을 열면 뽀얀 알맹이가 나오는 것

사건 2

2 주제를 정하고 주제에 어울리는 사건을 적어 보세요. 3개 모두 적지 않아도 됩니다.

봉사

주제

사건 1

사건 2

사건 3

놀이터

주제

사건 1

사건 2

사건 3

생활문 쓰기 3
특별한 소재 찾기

여기까지 잘 따라온 여러분, 훌륭합니다. 주제를 정하고, 주제를 잘 표현할 수 있는 사건을 떠올리는 것까지 배웠습니다. 이제 본격적으로 누가 읽어도 감탄할 만한 생활문을 써 보겠습니다. 그러려면 사건 중에서 주제와 가장 어울리는 것을 찾아야 합니다. 여러 사건을 비교하면서 주제와 가장 어울리고 쓸 이야기가 많은 것을 고르는 과정이죠.

대회와 관련 있는 사건/소재 찾기

친구	
주제	내가 먼저 마음을 열고 친구에게 다가가자
사건1	친구에게 먼저 다가가지 못하고 눈치만 보다가 그 친구도 나와 친해지고 싶었다는 것을 알게 된 일
사건2	친해지기 어려운 친구가 짝이 되어 이 친구를 피하기 바빴는데 내가 어려움에 처했을 때 그 친구가 가장 먼저 나를 도와준 일
사건3	전학 온 친구와 친해지고 싶었는데 혹시나 그 친구가 불편할까 봐 먼저 말을 못 붙인 일

세 가지 사건 모두 주제와 잘 연결됩니다. 사건을 고르는 기준은 자기가 글을 쓰기에 자신 있는 것이면 됩니다. 덧붙여 참여하려는 대회와 관련된 사건이면 더 좋은 점수를 받을 수 있습니다.

예를 들어 국토교통부 주관으로 〈우리 국토 사랑 글쓰기 대회〉가 열렸다고 생각해 보세요. 이 대회에서 '친구'에 대해 쓴다면 우리 국토 사랑에 대한 내용을 친구와 연결하는 게 좋습니다. '우리 지역에 있는 **유명한 산**에 오르다가 친구를 만난 일'이라든지 '친구의 가족과 함께 **여행**을 떠난 일'을 사건으로 글을 쓰는 것이죠. 사건 속 소재(유명한 산/여행)가 주관사인 국토교통부와 관련이 있으니까요.

주관사와 주제를 연결할 수도 있습니다. 2018년에 열린 〈제13회 남산백일장〉에서는 [스마트폰, 밥, 여행, 손톱]이 글제였습니다. 남산백일장은 서울시 소재 초등학교의 학교장이 추천한 학생이 참여할 수 있는 대회로, 서울특별시교육청남산도서관에서 주관합니다. 여러분이 이 대회에 참가해서 생활문을 쓴다고 가정하고, 주제와 사건을 떠올려 보세요. 저는 다음과 같이 글제를 선택하고 주제와 사건을 쓸 것 같아요.

스마트폰, 밥, 여행, 손톱	
주제	책을 편식하는 습관을 버리자
사건	고기가 없이 풀만 가득한 밥상을 보고 처음에는 투정을 부렸지만, 먹을수록 맛있어서 밥을 많이 먹은 일

'책'을 주제에 넣은 것은 이 대회가 남산도서관에서 주관했기 때문입니다. 반찬 투정을 했지만 결국 나물이 고기만큼 맛있다는 것을 알게 된 사건을 통해 나의 평소 독서 습관을 살펴보고 깨달음을 얻는 거죠. 이러면 글제인 '밥/편식'과 이 대회의 주관사인 '도서관/책'을 연결할 수 있습니다. 이렇게 주관사와 주제를 연결하면 심사위원에게 좋은 인상을 남길 수 있게 됩니다.

연습하기

1 남산도서관에서 주최하는 〈남산백일장〉에 참가했다고 생각하고 글제를 하나 뽑아서 주제, 사건을 떠올려 봅시다.

> 스마트폰, 밥, 여행, 손톱

주제 _____

사건 _____

_____

_____

2 아래 글에서 주제와 사건을 표현하기 위해 활용된 '소재'는 무엇인가요?

겨울밤에는 내가 자라는 소리가 들린다

쑤이이씽

바람이 세차게 분다. 이런 바람 소리가 들리는 겨울이 되면 우리 가족은 모두 안방에 모인다. 평소에는 각자 방에서 공부도 하고 잠을 자기도 하지만, 겨울이 되면 나와 언니는 베개와 이불을 들고 안방으로 이사를 간다.

아빠와 결혼하기 전까지 단독 주택에서만 사셨다는 엄마는 겨울의 매서운 바람이 싫다고 하셨다. 겨울만 되면 방문 사이로 날카로운 겨울바람이 불어와 매번 감기를 앓을 정도였는데, 이불을 아무리 덮어도 살 속을 에는 듯한 바람을 피할 수 없었다고 하셨다. 엄마는 겨울밤에 우리를 따뜻하게 재우는 것이 엄마의 가장 큰 임무라고 말씀하시곤 했다.

그리고 엄마는 정말로 밤새 우리에게 이불을 덮어 주신다. 더우면 잠을 자지 못하는 나는 매번 이불을 차는데 그러면 잠결에도 엄마가 다시 이불을 덮어 주시는 게 느껴진다.

며칠 전에는 자다가 엄마가 큰 소리로 고함을 질러 온 가족이 깜짝 놀란 적이 있었다. 컴컴한 방 안에서 엄마는 큰 소리로 내 이름을 부르셨다. 아빠는 더 큰 소리로 "은이가 왜? 은이가 왜?" 하셨다.

"당신, 꿈 꿨어? 왜 그래? 은이 괜찮아, 저기 봐."

엄마는 내 발과 내 얼굴을 보고는 "너, 왜 머리가 그 쪽에 있어? 너 거꾸로 잤어?" 하신다. 그제야 나는 가족들 발밑에서 잤다는 것을 알았다. 엄마는 "내가 은이 이불 덮어주려고 얼굴을 더듬는데, 애 머리 쪽으로 이상한 것이 비쭉비쭉 솟아 있어서…. 나는 발이라고는 생각도 못하고, 애 얼굴이 잘못되었다고…."라고 하셨다.

아빠는 말했다. "아이고, 간 떨어질 뻔 했네. 애 잘못되었을까 봐 그런 거였어? 당신은 밤새 이불 덮어 준다고 잠도 제대로 못 자면서."

한참 후에야 나란히 누운 엄마와 나는 서로 꼭 껴안았다. 나는 엄마에게 "내가 잘못되는 게 무서워?"라고 물었다. 엄마는 "그럼, 세상에서 제일 무서운 게 너희들 잘못되는 거야. 그러니까 이불 꼭 덮어." 하셨다. 옆에서 아빠도 그렇다고 하셨다.

언니와 나는 킥킥대며 웃었다. 엄마가 덮어 준 따뜻한 이불 안에서 오늘도 나는 쑥쑥 자란다.

① 통닭　　② 반찬　　③ 이불　　④ 주택

생활문 쓰기 4
특징 있게 시작하기

똑같은 소재로 한 편의 글을 썼다고 해도 어떻게 담았는가에 따라 읽는 사람의 느낌은 달라질 수 있어요. 그래서 '재미있게' 담아내는 것이 중요합니다. 특히 <u>읽는 사람을 집중하게 하려면 제목과 시작하는 첫 부분이 아주 중요해요.</u> 우선 글이 시작되는 첫 부분부터 봅시다. 다음 두 글을 읽고 어떤 것이 더 흥미로운지 비교해 보세요.

가

오늘은 할머니에게 휴대전화 문자 메시지를 가르쳐 드리기로 하였습니다. 할머니는 계속 어른들이 쓰는 전화기만 쓰셨습니다. 그런데 어느 날 할머니도 '카톡'이라는 것을 하고 싶다고 하셨습니다. 할머니 친구 분들은 모두 카톡을 할 줄 아는데 할머니는 못한다고 속상해 하셨습니다.
아빠는 할머니더러 일반 문자도 못 보내시면서 자꾸 스마트폰을 원하신다고 투덜거리셨습니다. 그러자 할머니께서는 "나도 배우면 된다." 하시면서 저에게 휴대전화 문자 메시지를 가르쳐 달라고 하셨습니다. 할머니의 성화에 아빠는 할머니가 쓰실 스마트폰을 새로 사 오셨습니다. 그래서 오늘부터 나는 할머니에게 휴대전화 문자 메시지를 가르쳐 드려야 합니다.
나는 맨 처음 '현준아, 잘 있었니?'부터 가르쳐 드렸습니다. '현'에서 'ㅕ'는 글자판에 바로 보이지 않기 때문에 잘못하면 이상한 글자가 될 수 있기 때문입니다. 할머니는 자꾸 어렵다고 하셨습니다. 할머니가 쓴 글자를 보니 정말 이상하게 보였습니다.

나

꾸~~~~~~울~~~~~꺽.
 자꾸만 마른 침을 삼키게 됩니다. 나도 모르고 숨을 꽉 참았다가 휴~ 하고 내쉬기도 합니다. 오른손에서 보이는 것은 곧게 뻗은 집게손가락뿐입니다.
 달, 달, 달, 달.
 손가락이 하염없이 떨립니다. 먼 산을 보는 듯한 나의 표정을 슬쩍 살피는 저 분은 나의 할머니입니다.
 "아무리 생각해도 기억이 안 난다. 현준아, 아까 니가 뭐라 그랬노?"
 드디어 할머니가 도움을 요청합니다.

 "할머니, 어디까지 하셨어요?"
 "내, '현준아, 잘 있었나?' 이래 글자를 만들라 카는데 안 된다. 이그 한 번 봐 보래이."
 할머니의 뭉툭한 손 안에 꼭 쥐어져 있던 휴대전화의 문자 메시지 창 안에는 [호ㅕs 주나. 잘 이엇나]이라는 알 수 없는 부호만 가득합니다.

 크~~~읍
 나는 얼른 웃음을 참았습니다. 웃으면 안 됩니다. 웃으면 제가 할머니를 무시한다고 생각하실지도 모릅니다.
 "할머니, 어떤 글자가 가장 어려워요?"
 저의 물음에 할머니는 얼른 대답하십니다.
 "현, 나는 그 글자가 제일 어렵데이."
 할머니에게 휴대전화 문자 메시지 보내기를 알려드리는 나의 수업이 또 시작되었습니다.

 할머니께 문자 메시지 쓰는 방법을 알려 드린다는 동일한 사건에 대해 쓴 **가**, **나** 중 어떤 글의 뒷이야기가 궁금한가요? 저는 **나**가 조금 더 흥미롭게 느껴지네요. 그 이유는 **가**, **나**의 표현 방식에서 찾을 수 있습니다. 아래 내용을 보고 알맞은 것끼리 이어 보세요.

1. 무슨 일인지 알 수 없지만 긴장감이 드러나는 상황을 재미있게 잘 표현함 — 가

2. 한 일을 특징 없이 시간 순서대로 나타냄 — 나

1번-나, 2번-가가 연결됩니다. 가에는 읽는 사람의 관심을 끌 수 있는 '장치'가 없습니다. 반면 나는 의성어/의태어로 '도대체 뭘 하고 있는 거지?'라는 궁금증을 불러일으키고 있지요. 이처럼 글을 어떻게 시작하는가에 따라 읽는 사람의 집중도가 올라가고 글의 재미가 확 달라집니다. 이렇게 관심을 끌 수 있는 장치에는 어떤 것들이 있는지 알아봅시다.

의성어와 의태어로 시선 끌기

첫 번째, 의성어나 의태어를 쓰는 겁니다. 나처럼요. 뻐꾹뻐꾹, 훌쩍훌쩍, 덜컹덜컹과 같이 사람/사물의 소리를 흉내 내는 말을 '의성어'라고 하고, 방긋방긋, 둥실둥실, 반짝반짝과 같이 사람/사물의 모양이나 행동을 흉내 내는 말을 '의태어'라고 해요. 이런 의성어/의태어로 글을 시작하면 읽는 사람이 다음 내용을 궁금해 하게 됩니다.

단, 쉽게 예상할 수 있는 뻔한 의성어/의태어는 재미가 덜할 수 있으니 주의하세요. 예를 들어 '두두둑 두두둑'을 보면 비가 오거나 뭔가 찢어졌다는 걸 예상할 수 있는 것처럼요. 또 어떤 상황인지 곧바로 밝히는 것도 재미가 떨어질 수 있습니다. 그래서 실제 소리나 동작처럼 실감나는 의성어나 의태어를 다음 이야기가 궁금하게끔 적절한 타이밍에 사용하는 게 좋습니다.

> 콩, 턱. 콩, 턱.
> 앗! 저 소리는.
> 난 저 소리가 뭔지 알고 있다.
> 그래서 저 소리가 더 가까이 오기 전에 얼른 대책을 세워야 한다.
>
> 저 소리는 아빠의 발소리다.
> 엄마는 탁탁탁 소리가 난다. 내 동생은 통통통 소리가 난다.
> 저 소리는 틀림없는 아빠의 발소리다.
>
> 하지만, 이쪽으로 오시지는 않을 거야.
> 설마 이쪽으로 오시겠어?
> 아직 조금 더 남았다. 이제 곧 성을 무너뜨릴 차례다. 이 한 방만 쏘면.
>
> 끼이이익.
> 문을 연 아빠가 나를 보셨다.
> "너, 뭐 하냐? 오락 하냐?"

이 글은 아빠의 발소리를 들었지만 아빠가 바로 자신에게 오지 않을 거라고 기대하는 글쓴이의 조마조마함과 긴장감을 잘 전달하고 있어요. 이렇게 읽는 사람이 의성어와 의태어가 나온 상황을 계속 추측하도록 해야 글의 긴장감을 살릴 수 있습니다.

대사로 시선 끌기

<u>등장인물의 대사로 이야기를</u> 시작할 수도 있습니다. 이것 역시 의성어/의태어로 글을 시작하는 것과 비슷한 효과를 내지요. 이번에도 등장인물이 어떤 상

황에서 그 말을 한 건지 쉽게 짐작할 수 있다면 재미가 떨어질 수 있으니 주의하세요. 읽는 사람이 끝까지 상황을 추측할 수 있도록 하는 것이 중요합니다.

"너, 뭐 하냐?"

음산한 아빠의 목소리가 귓가에서 들린다. 언제부터 여기 계셨던 걸까? 나는 왜 아빠가 오시는 소리를 전혀 듣지 못했을까? 게임에 너무 깊이 빠져있었던 걸까? 그럴 수도 있겠다. 왜냐하면 나는 곧 저 성을 무너뜨릴 순간에 서 있었기 때문이다.

"응? 너 뭐 하냐고?"

다시 아빠의 목소리가 들린다. 다 보셨겠지? 사실대로 말씀드려야 하겠지? 그렇지 않으면 이 사실은 엄마에게까지 알려질 것이다. 그래, 아빠도 나의 마음을 이해해 주실 거다.

"그게…. 게임인데….'

"뭐어? 게임?"

안 된다. 아빠의 목소리가 더 커지면 안 된다.

머리를 써라, 머리를 써라.

"근데, 아빠. 나 여기서 성을 못 무너뜨릴 것 같아요. 아빠 혹시 이 게임 아세요? 아빠는 뭐든 잘 하시니까 이거 성 무너뜨리는 거 하실 수 있죠?"

아빠가 "큼" 하시며 "어디 한번 보자." 하신다.

앞서 나왔던 글을 대사로 시작하도록 다시 썼습니다. 비슷한 내용이지만 어떻게 글을 시작하느냐에 따라 느낌이 다르죠. 여러 방법 중에서 자신 있는 것을 선택해서 쓰면 됩니다.

인물 소개로 시선 끌기

글을 재미있게 시작하는 다른 방법은 인물을 소개하는 것입니다. 단, 이 방법은 소개하는 인물이 내용에서 중요한 역할을 맡고 있어야 해요. 중요하지 않은 주변인물을 소개하면 생뚱맞게 느껴질 수도 있기 때문이죠.

> 할머니 댁은 엄청 시골이다. 버스를 타고 2시간 정도를 가서, 거기서 다시 택시를 타야 한다. 택시에서 내리면 바로 할머니 댁이 아니라 거기서 걸어서 20분 정도를 더 가야 한다. 아직 차가 들어갈 수 없는 곳이기 때문이다.
> 그렇지만 할머니 댁에 가는 것이 설레는 이유는 봉순이 언니 때문이다. 내가 제일 좋아하는 사촌 언니다. 어른들이 "봉순아, 봉순아."하고 부르셔서 언니 이름이 봉순인 줄 알았다. 진짜 언니 이름은 '봉선'이었지만 내가 언니더러 '봉순이 언니'라고 불러도 언니는 그냥 웃기만 했다. 왜냐하면 내가 제일 좋아하는 봉선이 언니는 말을 못하기 때문이다.

독자는 시골 할머니 댁에서 봉선이 언니와 주인공에게 무슨 일이 있을지 기대하며 글을 읽게 됩니다. 참고로 인물이 '몇 살이고, 남자/여자고, 키는 몇 cm...' 이렇게 흔하게 소개하면 안 됩니다. 글의 재미가 떨어지니까요.

> 내 동생은 초등학교 1학년이다. 키가 내 허리밖에 오지 않는다. 가방도 자기 몸집만큼 크다. 엄마는 동생이 걱정이 되어서 그런지 학교 가는 길이면 동생을 잘 챙겨주라고 한다.

이 글은 뒤로 어떤 내용이 이어질지 궁금하지 않지요. 초등학교 1학년 학생은 대체로 키가 작기 때문에 이 사실만으로는 이어질 사건에 대한 흥미를 불러

일으킬 수 없습니다. 이것을 흥미를 끌 수 있도록 고쳐보겠습니다.

> 막내 동생이 초등학교에 입학했다. 키도 내 허리밖에 오질 않고 새로 산 가방은 자기 몸집보다 더 크다. 동생이 학교를 제대로 다닐 수 있을까 걱정이다. 더 큰 걱정은 동생에게는 누나만 둘이라는 거다. 이게 왜 문제냐 하면 막내가 둘째 동생이 나를 부르는 말을 따라하기 때문이다. 이제 왜 내가 걱정인지 다들 알거다. 막내 동생은 나를 '큰언니'라고 부르고, 둘째한테는 '언니'라고 부른다. 자기는 남자면서 말이다.

남동생이 주인공을 '언니'라고 부르는 것을 보여 주면서 앞으로 이것과 관련된 사건이 벌어지겠다는 것을 짐작할 수 있게 했습니다. 그래서 읽는 사람은 흥미를 느낄 수 있게 됩니다.

사건의 배경으로 시선 끌기

글을 재미있게 시작하는 마지막 방법은 <mark>중요한 사건이 일어난 배경</mark>을 말하는 것입니다. 그 사건이 일어난 상황을 묘사해서 분위기를 보여 주는 것인데, 이것은 글을 읽는 사람에게 여러 감정을 느끼게 합니다. 그래서 그 감정이 완전히 사라질 때까지 글을 계속 읽게 하는 장치가 됩니다. 독자를 집중시키는 데 효과적이죠.

> "엄마, 엄마."
> 학원 공부를 마치고 현관문을 열고 집에 활기차게 들어섰다. 나의 외침이 크게 울려 퍼졌다. 하지만 평소와 다르게 나를 반겨주는 목소리가 들리지 않는다.
> 신발을 벗고 집 안으로 들어서자, 어둑어둑한 거실이 나를 반긴다. 주방 쪽으로 가냘프게 불 하나만 켜져 있다. 그 어린 전등 하나가 거실을 어름어름하게 비추고 있었다.
> 아무도 없는 건가?
> 현관에는 아빠, 엄마, 동생 신발까지 모두 보았는데….
> 조심조심 거실 쪽으로 와서 가방을 벗어두었다. 잠시 후 달칵 소리와 함께 동생이 고개를 내민다. 동생은 가운데 손가락으로 입에 갖다댄 후 손짓만으로 나를 불렀다. 나는 덩달아 더 조심스러운 발걸음으로 동생에게 갔다.
> "왜?"
> "쉿. 오빠, 얼른 들어와."
> 동생의 성화에 못 이겨 동생 방으로 들어왔다. 문을 닫는 동생의 손길은 매우 조심스러웠다.
> "오빠, 오늘 엄마랑 아빠랑 싸웠어."

평소와 다른 집 분위기를 자세하게 소개함으로써 집에 어떤 일이 일어났다는 것을 암시하고 있습니다. 독자는 심상치 않은 집 분위기 때문에 앞으로 어떤 일이 일어날지 기대하고, 어떤 일이 일어났었는지를 상상하며 글을 읽게 됩니다.

연습하기

1 예시에 나온 내용을 의성어나 의태어를 넣어 바꿔 봅시다.

예시

부끄러움

  오늘은 현장체험학습을 가는 날이다. 그런데 엄마도, 아빠도, 나도 현장체험학습을 가는 줄 몰랐다. 학교에 가 보니 친구들이 모두 운동장에 서 있었다. 그때가 되서야 현장체험학습을 가는 날인 걸 알았다. 나는 너무 놀라서 아빠한테 전화를 했다. 아빠가 학교 근처 김밥 가게에서 김밥 두 줄을 사다 주셨다. 은박지로 대충 싼 김밥이 너무 부끄러웠다. 친구들은 다 예쁜 도시락인데 내 것만 초라해 보였기 때문이다.

2 예시에 나온 내용을 인물에 대한 소개로 바꿔 봅시다.

예시

설거지

우리 집은 가족이 돌아가면서 설거지를 한다. 엄마, 아빠가 모두 일을 하시기 때문이다. 오늘은 형아가 당번인 날이다. 형아는 설거지하는 것을 정말 싫어한다. 설거지를 하려는데 형아가 갑자기 내가 밥그릇을 물에 담그지 않아 밥풀이 딱딱해졌다고 계속 잔소리를 했다.
"민찬아, 어? 형아가 말하잖아. 밥그릇 물에 꼭 담궈 놓으라고."
"응."
내가 대답했는데도 형아가 계속 뭐라고 하면서 잔소리를 했다. 형아가 뭐라고 할 때에는 가만히 있어야 한다. 그렇지 않으면 형아는 더 화를 낸다.

생활문 쓰기 5
여운 주며 끝맺기

영화나 드라마의 마지막 장면이 강렬하면 오랫동안 기억에 남습니다. 그런데 결말이 중요한 것은 글도 마찬가지예요. 결말이 읽는 사람에게 강한 인상을 남기면 그 작품이 자꾸 생각나고 오래 기억하게 됩니다. 이것을 '여운'이라고 합니다. 다음 두 글을 읽고, 어떤 글이 더 강한 인상을 남겼는지 생각해 보세요.

가

> 오늘은 형아랑 구슬치기를 했다. 형아가 자꾸 이겼다. 그래서 형아는 내 구슬을 자꾸 땄다. 나는 너무 슬펐다.

나

> 오늘은 형아랑 구슬치기를 했다. 형아가 자꾸 이겼다. 그래서 형아는 내 구슬을 자꾸 땄다. 내 소중한 구슬이 형아 품으로 가서 나를 보고 "기주야, 기주야" 하며 우는 것 같다. 형아를 이겨서 구슬을 되찾아 꼭 안아 주어야겠다.

나가 더 재미있고 생생하지 않나요? 나는 자신의 기분을 '슬프다'라고 직접 표현하지 않고 구슬이 우는 것 같다고 비유했습니다. 그래서 더 강한 인상을 남기죠. 글을 쓸 때는 이렇게 감정을 직접적으로 드러내지 않는 것이 좋습니다. 행복했다, 즐거웠다, 좋았다, 슬펐다, 화났다 같은 감정 표현을 그대로 쓰면 글을 읽는 사람은 거기에만 집중하게 되고, 그 이상의 감상을 느끼지 못할 수도 있기 때문이죠. 그래서 가능하다면 나처럼 사물이나 분위기를 이용하여 감정을 드러내는 것이 여운을 남기기에 좋습니다. 하나 더 비교해 보겠습니다.

글제: 여행
주제: 아름다웠던 강원도 여행이 참 좋았다

가

그동안 잘 몰랐던 강원도의 이곳저곳을 구경하니 정말 좋았다. 몰랐던 것도 알게 되었고 아름다운 경치도 볼 수 있었다. 다음에도 또 오고 싶다.

나

TV로만 보던 강원도에 실제로 와 보니 강원도가 얼마나 아름다운지 느낄 수 있었다. 눈을 감을 때마다 바람에 맞추어 멋진 소리를 내었던 오죽헌의 검은 대나무숲의 소리가 귓가에 울리는 것 같다. 우리나라 최초 한글 소설을 쓴 허균의 생가와 그 기념공원의 멋진 풍경도 마음에 담을 수 있었다. 양떼가 뛰노는 그림 같은 대관령 목장은 지금 떠올려도 가슴이 두근거린다.

장면 장면이 한 장의 사진 같았던 강원도 여행이 모두 끝났다. 우리 가족은 여행을 마치고 돌아가는 차 안에서도 강원도에서 보았던 멋진 풍경에 대해 계속 이야기했다. 긴 대화 속에서 우리의 강원도 여행이 더 꿈 같이 느껴졌다. 영원히 깨지 않을 행복한 꿈 말이다.

'여행이 좋았다'라는 주제 그대로 감상을 말하기보다 여행에서 느낀 점을 사물/분위기에 빗대어 표현하는 것이 더 글의 매력을 살릴 수 있어요. 그래서 **가** 보다는 **나** 가 더 여운이 남는 글로 뽑힐 것입니다. 생활문은 읽는 이에게 감동을 주기 위해 쓰는 글이기 때문에 '어떤 일이 있었고, 그 일이 슬펐다, 기뻤다'라고 있었던 그대로를 늘어놓는 것보다는 감상과 감정, 삶의 지혜를 여운이 남도록 표현해야 해요.

연 습 하 기

예시 답안 **234**쪽

예시 글에 나온 감정을 사물/분위기에 빗대어 여운이 남게 표현해 보세요.

예시

글제: 달력
주제: 미래 달력을 만들면서 미래의 나를 위해 더 노력해야겠다고 생각했다
미래 달력을 만들고 발표를 했다. 의사가 꿈인 현수가 만든 달력에는 1일부터 30일까지 모두 '수술'이라고 적혀 있었다. 현수는 피곤하고 힘들어도 다른 사람의 생명을 구할 수 있게 매일 수술을 하고 싶다고 했다. 여행 작가가 꿈인 규연이는 한 달에 15일을 여행을 간다고 적었다. 여행을 한 후의 느낌을 글로 쓰는 직업이기 때문이라고 했다. 바리스타가 꿈인 나는 1일부터 10일까지는 커피콩을 구하기로 했고, 11일은 콩을 볶기로 했다. 그런데 그 다음부터는 무엇을 해야 할지 잘 모르겠어서 비워 두었다. 꿈이 바리스타지만 바리스타가 하는 일이 무엇인지 제대로 모르고 있었기 때문이다. 나는 무척 부끄러웠다. 미래의 나를 위해서는 좀 더 노력해야겠다고 생각했다.

생활문 쓰기 6
시선 끄는 제목 짓기

여러분은 어떤 책을 읽을지 말지를 언제 결정하나요? 책의 표지를 보고? 아니면 중간쯤 읽었을 때? 저는 보통 제목을 보고 결정합니다. 저처럼 많은 사람들이 글의 제목만 보고서 그 글을 읽을지 말지를 결정해요. 글의 제목이 모든 것을 결정하는 것은 아니지만 그래도 독자에게는 많은 영향을 주기 때문이죠.

대회가 시작되면 거의 모든 참가자들이 공통적으로 하는 행동이 있어요. 저는 지금까지 단 한 명도 다르게 행동하는 사람을 본 적이 없어요. 바로 글제가 발표되면 원고지에 대뜸 제목부터 쓰는 거예요. '아니, 글을 시작하려면 제목부터 써야지, 그럼 뭐부터 해야 해?'라고 생각하는 사람도 있을 거예요. 글을 쓰는 순서는 정해져 있지 않습니다. 그래서 제목을 제일 먼저 쓸 필요는 없어요. 그렇다면 제목은 언제, 어떻게 붙이면 좋을까요?

제목은 맨 마지막에

저는 제목을 가장 나중에 쓰는 것을 추천합니다. 그렇게 하는 게 여러 가지 장점이 있기 때문이에요. 첫 번째, 글에 가장 어울리는 제목을 붙일 수 있습니다. 글을 쓰다 보면 처음 정했던 제목과 글의 내용이 어울리지 않게 될 수도 있습니다. 글을 쓰다가 제목을 잊어버릴 수도 있기 때문이죠.

두 번째, 읽는 사람의 기억에 강하게 남을 수 있는 제목을 생각해 낼 수 있어요. 물론 제목을 제일 먼저 쓰더라도 인상적인 것을 떠올릴 수 있어요. 하지만

한 편의 글을 완성하고 제목을 붙이면 글의 여운이나 읽는 사람에게 전하고 싶은 감동이 드러나는 제목을 붙이기에 좀 더 유리해요. 글을 다 쓴 직후라서 내용을 모두 알고 있기 때문이죠.

'어? 그러면 먼저 제목을 쓴 후에 글을 다 쓰고 처음에 써 두었던 제목을 고쳐도 되지 않나요?'라는 의문이 들지도 모릅니다. 이것도 좋은 방법이지만 이렇게 하려면 처음과 마지막 두 번이나 고민해야 해요. 그러니 글을 다 쓰고 제목을 붙이는 게 효율적이죠.

특징 있는 제목은 사람의 기억에 오래 남아요. 새 학년, 새 친구를 만났던 순간을 떠올려 볼까요? 서로 잘 알지 못하더라도 처음 보자마자 어떤 느낌을 받을 거예요. 우리는 이것을 '첫인상'이라고 불러요. 첫인상은 사람의 머릿속에 빨리 박히고 오래 유지됩니다. 내 글을 처음 읽는 사람은 바로 '제목'과 '글씨'에서 첫인상을 얻게 됩니다.

여기서는 '제목'에 대해서만 이야기하겠습니다. 제목이 창의적이면 읽는 사람의 호기심을 자극하기 때문에 글을 계속 읽게 만들 수 있습니다. 한 번 예를 들어 볼게요.

〈누가 내 치즈를 옮겼을까〉

이 책을 본 적 있나요? 많은 사람이 처음 이 책이 출간되었을 때 제목 때문에 이 책에 호기심을 느꼈어요. 누가 내 치즈를 옮겼다? 치즈를 옮겼다는 말이 무슨 뜻인지, 그리고 그 치즈는 누가 옮긴 것인지, 그 치즈는 어떻게 됐을지 궁금해서 책을 보기 시작한거죠.

만약 이 책의 제목이 이랬으면 어땠을까요?

〈불확실한 미래의 위험을 미리 대비하자〉
〈치즈를 지키기 위한 쥐들의 대비〉
〈쥐는 자신의 치즈를 어떻게 지켰을까?〉

아마 사람들에게 많은 관심을 받을 수 없었을 것입니다. 이들보다 〈누가 내 치즈를 옮겼을까〉가 더 흥미롭게 느껴지는 제목인 것은 확실합니다. 이렇듯 ==제목을 정할 때 가장 중요한 것은 글을 읽고 싶게 만드는 것이에요. 참신하고, 신선하고, 창의적이고, 독자의 호기심을 자극해야 하죠.==

〈12살에 부자가 된 키라〉

이 책 역시 제목이 강렬하지요. 겨우 12살인데 부자라니? 더군다나 부자가 되었다는 그 사람의 이름도 떡하니 나와 있어요. 이 책을 보는 순간 '어린이도 부자가 될 수 있다고?', '키라가 부자가 된 방법이 나와 있겠구나'라는 생각이 들 거예요. 만약 이 책의 제목을 다음처럼 바꾸면 어떨까요?

〈키라처럼 부자 되기〉
〈어린이도 부자가 될 수 있어요〉
〈부자가 되는 습관 기르기〉
〈부자가 되려면 어린이 때부터〉

여러 예시를 보면 '12살'이라는 문구가 들어가서 제목이 매력적이었던 것을 알 수 있어요. 어린이라는 말보다 12살이라는 나이를 제시하여 글의 내용을 더 궁금하게 만들었습니다. 여러분도 주변에 있는 책으로 내용이 궁금해지는 제목을 붙이는 연습을 해 보세요.

연습하기

1 책 제목을 다른 것으로 바꿔 보세요. 정답은 없으니 자유롭게 써 보세요.

흥부와 놀부　_____

금도끼 은도끼　_____

의좋은 형제　_____

2 아래 글을 읽고 어울리는 제목을 붙여 봅시다.

1)

꾸~~~~~울~~~~격.
　자꾸만 마른 침을 삼키게 됩니다. 나도 모르고 숨을 꽉 참았다가 휴~하고 내쉬기도 합니다. 오른손에서 보이는 것은 곧게 뻗은 집게손가락뿐입니다.
　달, 달, 달, 달.
　손가락이 하염없이 떨립니다. 먼 산을 보는 듯한 나의 표정을 슬쩍 살피는 저분은 나의 할머니입니다.
　"아무리 생각해도 기억이 안 난다. 현준아, 아까 니가 뭐라 그랬노?"
　드디어 할머니가 도움을 요청합니다.

　"할머니, 어디까지 하셨어요?"
　"내, '현준아, 잘 있었나?'이래 글자를 만들라 카는데 안 된다. 이그 한 번 봐 보래이."
　할머니의 뭉툭한 손 안에 꼭 쥐어져 있던 휴대전화의 문자 메시지 창 안에는 [호ㅕs 주나. 잘 이엇나]이라는 알 수 없는 부호만 가득합니다.

　크~~~읍
　나는 얼른 웃음을 참았습니다. 웃으면 안 됩니다. 웃으면 제가 할머니를 무시한다고 생각하실지도 모릅니다.
　"할머니, 어떤 글자가 가장 어려워요?"
　저의 물음에 할머니는 얼른 대답하십니다.
　"현, 나는 그 글자가 제일 어렵데이."
　할머니에게 휴대전화 문자 메시지 보내기를 알려드리는 나의 수업이 또 시작되었습니다.

2)

우리 아파트 앞에 가로수에는 참새가 많이 산다. 어느 날 아침에는 참새 여러 마리가 한꺼번에 뽀르르 날아가는 것을 보기도 했다. 그런데 어제 오후에 형식이가 참새를 잡자고 했다. 내가 즐겨 보는 TV 프로그램 〈정글의 법칙〉처럼 말이다.

어떻게 잡느냐 하면 돌을 참새에게 던지는 것이다. 나는 형식이와 함께 참새를 잡기 위해 근처 공원에서 작은 돌을 많이 주웠다. 그리고 형식이와 나는 살금살금 가서 참새가 많은 나무 근처에 숨었다. 자동차 소리가 들리니까 참새가 후두둑 날아오르더니 내가 있는 쪽에 앉았다.

참새를 가까이에서 본 건 처음이었다. 그래서 참새가 그렇게 예쁜지 몰랐다. 참새는 눈이 새까맣고 몸집이 작아서 정말 귀여웠다. 다 똑같이 작아서 누가 엄마 참새인지, 누가 아기 참새인지도 구분할 수 없었다.

내가 형식이에게 말했다.
"야, 진짜 참새 잡을 거야?"
형식이는 나를 슬쩍 보더니, 이렇게 말했다.
"저거 잡아도 못 먹겠다."
그래서 나도 말했다.
"그래. 너무 작아서 잡아도 배도 안 부르겠다. 우리 그냥 미끄럼틀이나 탈래?"

형식이는 100마리쯤 잡아야 배가 부르겠다며 차라리 엄마한테 통닭을 시켜 달라고 하는 게 더 낫겠다고 했다. 나도 그렇게 생각한다고 했다. 형식이와 나는 주워온 돌을 모두 공원에 버렸다. 돌을 버려서인지 발걸음이 엄청 가벼워졌다. 우리는 놀이터에서 〈정글의 법칙〉에 나오는 아저씨처럼 놀았다. 그 웅덩이를 피하는 것처럼 점프를 했다. 참새를 잡지 않아도 우리는 〈정글의 법칙〉에 나오는 사나이가 될 수 있었다.

나만의 생활문 쓰기

1 〈가족 사랑 글쓰기 대회〉에 참가했다고 생각하고 생활문 한 편을 완성해 보세요. 제시된 글제 중에 쓰고 싶은 것을 하나 골라 동그라미 치세요.

주머니, 듣고 싶은 말, 힘, 책가방

2 위에서 고른 글제와 어울리는 주제를 적어 보세요. 일반적인 주제를 떠올리고 조금씩 감동적인 내용을 추가해서 완성해도 좋습니다.

주제 _____

_____

_____

_____

3 주제에 어울리는 사건을 떠올려 보세요.

사건 1 _____

_____

_____

_____

사건 2 _____
_____
_____
_____

사건 3 _____
_____
_____
_____

4 다음 기준을 보고 3번으로 돌아가 하나의 사건을 선택하세요.

❶ 이 대회와 관련 있는 소재/사건은 어떤 것인가요?
❷ 읽는 사람에게 감동을 줄 수 있는 사건은 어떤 것인가요?
❸ 읽는 사람이 겪어 보지 못했을 만한 사건은 어떤 것인가요?
❹ ❶,❷,❸번에 모두 해당되는 사건이 있나요? 그 사건으로 생활문을 써 봅시다.

그런 사건이 없다면 두 가지에 해당되는 사건을 찾으세요. 한 가지에만 해당되는 사건일 경우 다른 사건을 다시 떠올려 보세요. 더 이상 떠올릴 사건이 없다면 1번으로 돌아가서 글제를 바꾸세요.

5 독자의 흥미를 끄는 생활문 첫 부분을 써 보세요.

6 여운을 남기는 생활문 끝 부분을 써 보세요.

7 이 생활문에 읽고 싶은 마음이 드는 제목을 붙여 봅시다.

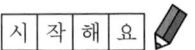

선생님의 편지

독서 감상문을 쓰기 어려워하는 학생들에게

"이 책을 읽고 나니 어떤 느낌이 드니?"

독서 후에 꼭 한 번은 들어보았던 질문이지요? 이 질문이 싫어서 책 읽기를 싫어하는 친구도 있을 것 같아요.

부모님은 책을 많이 읽으면 공부에 도움이 된다고 생각해요. 그래서 여러분에게 책을 읽어 주거나, 책을 읽게 합니다. 하지만 부모님의 열정은 여기에서 멈추지 않아요. 부모님이 궁극적으로 원하는 것은 여러분이 책을 통해서 생각을 키워나가는 것이거든요. 그래서 저런 질문을 통해 여러분이 독서로 무엇을 느끼고 배웠는지 확인하려 합니다.

몇 년 전 학부모님들 대상으로 〈올바른 독서 지도법〉에 대해 강의를 한 적이 있어요. 그때 알게 된 재미난 사실을 하나 이야기할게요. 강의에서 미국 기름 값이 우리나라 경제에 미치는 영향에 관한 짧은 기사를 보여 드렸죠. 몇 번이나 제대로 읽었는지 확인을 했고, 다들 잘 읽었다고 했어요. 그런데 "이 기사문을 읽고 나니 어떤 느낌이 드나요?"라는 질문을 하자 단 한 분도 대답을 하지 못했습니다.

왜 그랬을까요? 그 자리에 있던 분들은 아마 "이 책을 읽고서 무엇을 느꼈어?"라는 질문을 받은 여러분과 같은 마음이었을 겁니다. 어른들조차 글을 읽고 자신의 감상을 말하거나 쓰는 일을 어렵게 생각해요. 그러니 여러분이 독서 감상문을 어렵게 느끼는 것도 당연해요. 선생님도 그 마음을 이해합니다.

"이 책을 읽고 어떤 느낌이 드니?"
독서 감상문은 이 질문에 대한 답을 글로 쓰는 거예요. 그렇다고 부담을 가질 필요는 없습니다. 좋은 독서 감상문이란 어떤 것이며 어떻게 하면 그런 감상문을 쓸 수 있을지 지금부터 함께 살펴볼 거니까요!

독서 감상문이 뭔가요?

이 질문에 대한 답은 독서 감상문이라는 단어를 하나씩 살펴보면 알 수 있어요. [독서+감상+문]에서 '문'은 글자나 글을 말해요. 그러니까 독서 감상문은 '책을 읽고 감상을 적은 한 편의 글'이라는 뜻이에요.

'감상'이란 낱말을 사전에서 찾으면 '주로 예술 작품을 이해하여 즐기고 평가함'이라고 나와 있어요. 즉, 즐기는 마음과 평가가 들어가야 감상인 거죠. 처음으로 간 놀이공원에서 하루를 신나게 보내고 난 소감, 비행기를 타고 제주도에 가면서 바다를 보았을 때의 느낌, 자고 일어났더니 온 세상이 눈으로 하얗게 덮인 것을 보았을 때의 기분, 이런 게 모두 감상이에요.

그리고 '평가'란, '잘했다, 못했다, 뛰어나다, 우수하다, 부족하다, 돋보이다'처럼 어떤 대상의 가치나 수준을 따지는 것을 말해요. 그래서 '이 춤은 너무 멋져, 이 가수의 노래는 너무 뛰어나'라고 뭔가를 평가하죠. 즉, 독서 감상문에는 책을 읽고 난 **감상**도 들어가야 하고, 책의 줄거리나 저자가 사건을 이끌고 가는 방식에 대한 **평가**도 포함되어야 해요.

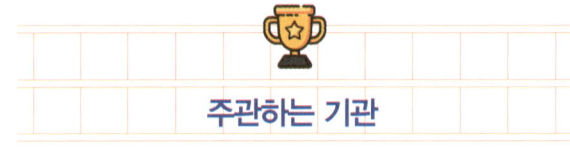

주관하는 기관

독서 감상문 대회는 주로 학교나 도서관, 어린이 책 출판사에서 주관합니다. 모든 도서관은 아니더라도 지역 도서관 일부에서는 독서 감상문 쓰기 대회를 매년 엽니다. 또 어린이용 동화책을 출간하는 출판사에서도 해마다 독서 감상문 대회를 열지요. 여러분이 다니는 학교의 글쓰기 대회에도 항상 독서 감상문 쓰기가 포함되어 있을 거예요.

자, 학교나 도서관, 출판사 같은 기관에서 돈과 시간을 들여 독서 감상문 대회를 여는 이유를 생각해 봅시다. 그것은 바로 독서 감상문이라는 글의 특징과 관련이 있어요. 독서 감상문을 쓰려면 반드시 책을 읽어야 하겠죠? 즉, 이런 대회는 학생들에게 책을 많이 읽게 하려고 열리는 것입니다. ==대회를 여는 단체에 따라 어떤 책을 읽게 하고 싶은지가 다릅니다.== 이걸 미리 알고 있으면 대회를 준비하기가 편해지고 높은 성적을 거둘 가능성이 높겠죠.

먼저 학교는 여러분이 어떤 책을 읽었으면 할까요? 학생들이 꼭 읽어야 할 좋은 책은 '필독 도서'로 지정됩니다. 그러니까 학교 대회는 이 필독 도서를 읽고 참여하는 것이 유리해요.

출판사는 그 회사에서 출간한 책을 많은 사람이 사서 보는 것을 기대하고 대회를 열 겁니다. 그래서 현재 그 출판사에서 추천하는 도서가 무엇인지를 알아보면 도움이 됩니다. 또 사람들에게 널리 알려지지 않는 그 출판사의 책으로 독서 감상문을 써도 좋아요.

좋은 독서 감상문의 기준은 뭔가요?

논설문이나 생활문과는 달리 독서 감상문은 '잘 쓴 글이란 이런 거야'라고 말하기가 쉽지 않아요. 논설문이나 생활문은 글의 형식이 어느 정도 정해져 있지만, 독서 감상문은 글의 내용이나 형식이 다 다르기 때문입니다. 그렇더라도 잘 쓴 작품과 그렇지 않은 작품을 구별하는 기준은 있으니 그것을 알아봅시다.

깨달음이 있는 감상

다음 두 글을 읽어 보세요.

가

내가 읽은 책은 〈마당을 나온 암탉〉이다. 내가 이 책을 읽은 이유는 처음에는 애니메이션으로 이것을 보았는데, 학교에서 선생님이 책으로 보면 더 재미있다고 하셨기 때문이다.

이 이야기는 알을 낳지 못하는 잎싹이라는 닭이 우연히 발견한 오리알을 품으면서 시작된다. 자기 알을 낳고 싶었던 잎싹은 그 오리알을 정성껏 품어 결국 오리를 부화시킨다. 오리는 잎싹을 엄마라고 생각하고 따른다. 하지만 오리는 잎싹과 자신의 모습이 다르다는 것을 알고 몹시 힘들어한다. 잎싹은 그런 자식의 모습을 보면서 함께 괴로워하였다.

고통스러운 시간을 보내고 나서야 오리는 자신과 생김새는 다르지만 잎싹이 엄마로서 자신을 사랑하고 있다는 것을 이해하였다. 잎싹의 도움으로 족제비의 위협을 잘 이겨낸 오리는 오리의 우두머리가 된다. 그리고 잎싹에게 마지막 인사를 남기고 자신의 무리와 함께 강을 떠난다.
나는 이 이야기를 읽으면서 부모님의 사랑을 느낄 수 있었다.

|나|

내가 읽은 책은 〈길모퉁이 행운돼지〉다. 책의 표지가 다른 동화책과는 너무 달라 호기심으로 읽게 되었다.

행운이라는 게 뭘까? 친구가 시험에서 100점을 받거나 선생님께 상을 받는 모습을 보면서 나도 저런 행운이 있었으면 좋겠다고 생각한 적이 많다. 내가 노력하지 않아도 얻을 수 있는 것이라면 많이 얻을수록 더 좋기 때문이다. 하지만 행운이 많다고 해서 행복한 것은 아니다. 한 번 행운이 오면 더 많은 행운을 바라기 때문에, 행운이 많이 왔다고 해서 행복하다고 말할 수 없다.

사람들은 네잎 클로버가 행운을 가져다준다고 생각한다. 그래서 수많은 세잎 클로버 사이에서 네잎 클로버를 찾기 위해 노력한다. 하지만 그 수많은 세잎 클로버의 뜻은 '행복'이라고 한다. 우리는 우리 주변의 널려 있는 행복을 버리고 오로지 행운만 쫓고 있는 것은 아닐까?

〈길모퉁이 행운돼지〉는 우리에게 행복과 행운에 대해 생각해 보게 한다. 행운을 바라는 사람이 있다면 꼭 이 책을 읽어 보길 권한다.

|가|와 |나| 중에 어느 게 더 잘 썼다고 딱 잘라 말하긴 어려워요. 왜냐하면 |가|는 책 내용을 소개하는 데 그쳤고, |나|는 책에 대한 자신의 감상을 말하는 데 그쳤기 때문입니다. 그래서 |가|에는 책에서 재미있거나 감동적인 부분은 어디였는지, 그 책을 읽고 어떤 생각을 했는지 자신의 감상을 추가해야 하고, |나|에는 등장인물은 누구인지, 인물이 서로 어떤 갈등을 겪는지 등 책의 줄거리를 추가해야 더 잘 쓴 독서 감상문이 됩니다.

여기서 잠깐.
책의 내용/줄거리와 감상이 적절히 들어가기만 하면 좋은 독서 감상문이라

고 할 수 있을까요? 아쉽지만 아닙니다.

　독서 감상문 대회를 여는 목적은 사람들에게 책을 읽도록 하기 위해서라고 했어요. 그럼 왜 책을 읽어야 할까요? 책을 읽으면 많은 것을 알게 되어 똑똑해지니까? 이것 말고도 또 다른 중요한 이유가 있어요.

　예를 들어 볼게요. 〈흥부와 놀부〉를 읽은 사람들이 모두 기억하는 것이 있습니다. 바로 '착한 일을 하면 복을 받고, 나쁜 일을 하면 벌을 받는다'는 것이죠. 이런 이야기는 우리에게 '이렇게 행동해야 해' 혹은 '이렇게 행동하면 안 돼'와 같은 깨달음을 줍니다.

　이 깨달음이란 그저 '아하, 그렇구나'라는 생각에서 끝나는 게 아닙니다. '나도 흥부처럼 행동해서 복을 받아야지'라고 생각하게 되고, '저 사람은 놀부처럼 행동하니까 언젠가는 벌을 받을 거야'라는 생각도 하게 되죠. 어쩌면 '놀부 같은 사람과는 친하게 지내지 말아야지'나 '나 방금 놀부처럼 행동한 것 같은데 조심해야겠다'라는 생각도 하게 될지 모릅니다. 다시 말해 ==이야기 속 인물을 보면서 자신의 삶을 반성하게== 되는 거예요.

　대부분의 글은 독자에게 이런 깨달음을 주고자 해요. 예를 들어, 지구가 쓰레기로 인해 오염되고 있다는 설명문이 있다고 칩시다. 그걸 읽고 '많은 사람들이 쓰레기를 버려서 지구가 오염되고 있구나, 오염되는 속도가 매우 빠르구나'라는 생각만 했다면 글의 의미를 너무 단순하게만 파악한 거예요. 글쓴이가 정말 바라는 것은 사람들이 쓰레기를 줄여 지구를 깨끗하게 만드는 것이니까요. 그러니 글에 나온 사실만 줄줄 알면 되는 것이 아니라 ==나 자신과 우리 가족, 우리 학교의 모습을 비판적으로 살펴보고== 지구를 살리기 위한 마음가짐과 태도를 가져야 해요. 여기서 비판적이라는 말은 '현상/사물의 옳고 그름을 판단하여 지적한다'는 뜻이에요.

　그리고 당연히 이런 내용이 독서 감상문에 들어가야 좋은 점수를 얻을 수 있어요. 이 점에 집중해서 가 와 나 를 다시 써 봅시다.

가 에 감상을 추가

　　내가 읽은 책은 〈마당을 나온 암탉〉이다. 내가 이 책을 읽은 이유는 처음에는 애니메이션으로 이것을 보았는데, 학교에서 선생님이 책으로 보면 더 재미있다고 하셨기 때문이다. 알을 낳지 못하는 암탉 잎싹이 <u>엄마가 되고 싶어서</u> 노력하는 모습을 보고 <u>슬프다고 생각했다.</u>

　　나는 잎싹이 자기가 낳은 새끼가 아니지만 <u>초록머리를 정말 사랑하는 모습에서 감동을 느꼈다.</u> 잎싹은 암탉인데 초록머리는 오리여서 <u>서로 이해하기가 어려울 텐데</u> 잎싹은 초록머리를 자신의 아이처럼 키우려고 애썼다. 하지만 초록머리가 엄마인 잎싹의 말을 듣지 않고 <u>마당으로 가려고 하였을 때에는 초록머리가 밉기도 했다.</u>

　　그리고 족제비가 계속 잎싹이나 초록머리를 해치려고 하였을 때에는 <u>화가 났다.</u> 나는 잎싹이 족제비의 새끼를 죽였으면 하였는데 <u>잎싹이 그냥 가 버려서 그것이 가장 안타까웠다.</u>

　　많이 자란 초록머리가 오리들의 우두머리가 되어 강으로 왔지만, 족제비가 다가오는 것을 보고 잎싹에게 마음으로 인사만 하고 떠나는 마지막 장면은 <u>정말 슬펐다.</u> 자기의 새끼가 아니지만 훌륭하게 초록머리를 키우고 엄마가 되는 <u>자기의 꿈도 잘 실현시킨 잎싹이 대단하다고 생각하였다.</u>

　　밑줄 그은 부분은 글쓴이의 감상입니다. '슬프다고 생각했다/ 감동을 느꼈다/ 이해하기 어려울텐데/ 밉기도 하였다/ 화가 났다' 등 자신의 생각과 느낌을 나타내는 표현이 많이 추가됐어요. 그런데 글쓴이는 책 속의 등장인물에게만 감상을 느끼고 있고, 자기나 주변 인물에게 이 감상을 적용하지 못하고 있어요. 그래서 이 독서 감상문은 심사위원에게 그 점이 아쉽다는 평가를 받을 수도 있습니다.

나 에 책의 내용과 깨달음을 추가

　　우리 집 앞에 있는 작은 가게에는 매주 목요일, 금요일, 토요일이 되면 사람들이 몰린다. 특히 토요일 오후가 되면 이 가게 앞에는 많은 차들이 줄지어 서 있다.
　　사람들이 몰리는 그곳은 바로 복권을 파는 가게다. 가게 앞에 걸린 큰 현수막에는 1등이 몇 번, 2등이 몇 번이라고 적혀 있다. 한 번씩 그 숫자가 바뀌곤 하는데, 그러면 사람들은 더 그곳으로 몰려든다. 행운을 바라는 사람들이 말이다.
　　'행운'은 매력적이다. 내가 노력하지 않아도 호박이 넝쿨째 굴러들어 오는 그것, 그것이 바로 행운이다. 많은 사람들이 자신의 삶에 행운이 떡하니 들어오기를 기다리고 고대한다. 하지만 사람들은 잘 모르는 것 같다. 행운이 결코 행복이 될 수 없다는 것을 말이다.
　　<길모퉁이 행운돼지> 속 진달래 마을 사람들도 마찬가지였다. 어느 날 나타난 '행운을 나누어 주는 가게'에 진달래 마을 사람들은 행운을 받기 위해 너도나도 몰려들었다. 하나의 행운을 받은 사람은 더 큰 행운을 바라고, 더 큰 행운을 받은 사람은 더더더 큰 행운을 바랐다. 그들은 그 행운과 자신을 바꾸기 시작하였지만 어느 누구도 멈추지 못했다. 자신들이 돼지로 변하고 있다는 것을 알면서도 멈추지 못했다. 심지어 멈추는 법을 알고 있어도 실천하지 못하는, 말 그대로 욕심꾸러기 돼지로 남기를 원했다.
　　우리에게 행운은 그런 것이 아닐까? 찾기 힘든 네잎 클로버는 '행운'이라는 뜻을 가지고 있지만, 흔히 찾을 수 있는 세잎 클로버는 '행복'이라고 한다. 우리는 삶 속에서 찾기 힘든 '행운'을 얻기 위해, 조금만 마음을 열고 눈을 돌리면 얻을 수 있는 '행복'을 놓치고 있는 것은 아닐까?
　　우리 집 앞 복권 가게에 줄 서 있는 사람들에게 <길모퉁이 행운돼지>를 한 권씩 나누어 주고 싶다. 그들이 정말 돼지로 변하기 전에 말이다.

원래 글에서 부족했던 책의 내용과 감상, 또 깨달음도 추가했습니다. 이 깨달음을 등장인물에 한정하지 않고 자기부터 주변 복권을 사는 사람들, 네잎 클로버를 찾으려는 사람들에게 확장해 적용하고 있습니다. 그래서 수정본으로는 가보다 나가 더 좋은 점수를 받을 가능성이 커요.

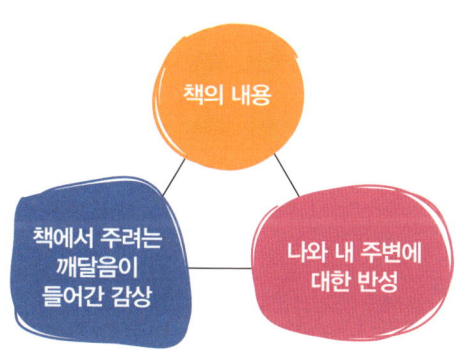

독서 감상문에는 책의 내용과 감상과 깨달음, 그것을 바탕으로 나와 주변 사람들의 행동을 반성하는 것이 적절히 들어가야 해요. 그게 독서 감상문을 쓰고, 읽는 목적이기 때문입니다.

독서 감상문 쓰기 1
눈길을 끌며 시작하기

아래에 있는 세 개의 독서 감상문에서 공통점을 찾아봅시다.

1	이 책을 처음 본 것은 서점에서였다. 처음에는 표지만을 보았는데 내가 그동안 읽었던 책보다 내용이 좀 더 풍부한 것 같아 사게 되었다.
2	내가 이 책을 읽게 된 이유는 작년 겨울에 엄마가 추천해 주셨기 때문이다.
3	나눔 장터에서 이 책을 샀다. 그리고 이 책을 읽었다.

찾았나요? 모두 '책을 읽게 된 이유'로 독서 감상문을 시작하고 있습니다. 이게 나쁜 건 아니지만, 그렇다고 좋은 것도 아니에요. 책을 읽게 된 이유와 감상문 전체를 제대로 연결하지 못하면 밋밋하다는 인상을 남기기 쉬워요. 그러면 심사위원들의 마음을 사로잡기도 어렵게 됩니다.

독서 감상문 대회는 다른 대회와는 진행 방식이 다릅니다. 논설문이나 생활문 쓰기 대회는 특정한 날에 참가자들이 모인 상황에서 글제를 발표해요. 그래야 참가자들이 다른 사람의 도움을 받거나 참고 자료를 보지 않고 스스로 글을 쓸 수 있기 때문입니다. 이와 달리 독서 감상문은 미리 책을 읽어야 쓸 수 있기 때문에 참가자들이 쓴 글을 우편으로 접수하는 경우가 대부분입니다. 그래서 다른 대회보다 참가자가 많은 편이에요. 아무래도 그 자리에서 바로 글을 써야 하는 대회보다는 부담감이 적으니까요. 그러니 심사위원들은 꽤 많은 작품을 읽고 평가해야 합니다.

여러분이 심사위원이라면 위에 있는 것처럼 평범하고 밋밋하게 시작하는 글이 기억에 남을까요? 아마 그렇지 않을 거예요. 기억도 나지 않은 글이 좋은 점수를 받을 리가 없고요. 자, 그럼 독서 감상문을 인상적으로 시작하는 방법을 알아봅시다.

소재/내용/인물로 시작하기

첫 번째 방법은 <mark>중요한 소재나 내용, 인물로 이야기를 시작하는</mark> 거예요. 〈마당을 나온 암탉〉에서 중요한 인물은 알을 낳고 싶어 했던 잎싹이고, 〈길모퉁이 행운돼지〉에서 중요한 소재는 행운이에요. 이것으로 독서 감상문을 시작해 봅시다.

가 인물로 시작하기

그녀는 엄마로서의 삶을 살고 싶었다. 그래서 자신의 이름조차 '잎싹'이라고 지었다. 어떻게 보면 간단한 일이다 싶겠지만 이 책의 주인공인 잎싹에게는 참으로 어려운 일이었다. 그런 잎싹이 어느 날 새하얗고 뽀오얀 알을 하나 발견했을 때, 얼마나 설렜을까? 〈마당을 나온 암탉〉의 주인공 잎싹이 오리알을 발견했을 때의 마음이 전해져 책장을 넘기는 내 손도 살포시 떨렸다.

나 소재/내용으로 시작하기

'나에게도 이런 일이….'

행운이 생기기를 바라는 것은 모든 사람의 마음이다. 사람의 마음속에 자리잡고 있는 욕심을 가장 쉽게 채울 수 있는 것은 바로 행운이기 때문이다. 노력하지 않고도 얻을 수 있기 때문에 사람들은 행운에 열광한다.

정말 행운은 그런 걸까? 〈길모퉁이 행운돼지〉를 읽으면 행운에 대한 여러 가지 생각을 하게 된다.

경험으로 시작하기

두 번째 방법은 <u>책과 비슷한 경험을 떠올려 글을 시작하는 거예요.</u> 등장인물이 한 중요한 행동과 비슷한 자신의 경험이 있다면 그것을 연결하는 것이죠. 또는 등장인물이 가진 생각과 비슷한 생각을 하고 있다면 그런 내용으로 시작해도 좋습니다.

나 복권 당첨을 바라는 우리 가족 떠올리기

매주 토요일 아침만 되면 우리 집에는 설렘이 가득하다.
"이번에 되기만 하면 말이야, 당장 좋은 집으로 이사부터 한다."
"나, 차 한 대 새로 사 주라."
엄마, 아빠의 목소리가 한껏 들뜬다. 엄마, 아빠의 기대는 토요일 저녁이 되면 더욱 높아진다.
"니들, 뭐 갖고 싶니? 말만 해. 되기만 하면 말이야…"
엄마, 아빠는 토요일 저녁만 되면 행운이 오길 기다린다. 노력하지 않아도 갑자기 찾아와 나를 변화시켜 줄 그런 행운 말이다. 하지만 나는 〈길모퉁이 행운돼지〉처럼 끝없이 행운을 바라다 엄마 아빠가 자신을 잃어버릴까 걱정된다.

책을 읽게 된 이유로 시작하기

세 번째 방법은 책을 읽게 된 이유로 글을 시작하는 거예요. 앞서 이 방법은 밋밋하게 느껴진다고 했지요. 항상 그런 것은 아니기 때문에, 이 방법을 이용해도 좋은 독서 감상문을 쓸 수 있어요. 다만, 책을 읽게 된 이유가 글 전체에 녹아들어야만 합니다. 책을 고른 이유가 나오고 그 뒤로 관련 없는 내용만 이어진다면 그 글은 하나로 연결되지 않아요. 그래서 읽는 사람은 그것이 서로 다른 내용이라고 생각하여 내용을 온전히 기억할 수 없게 됩니다.

> **가** 책을 읽게 된 이유 말하기
>
> 마당을 나왔다.
> 누가?
> 암탉이.
> 왜?
> 글쎄….
> 이 책의 제목을 본 순간 내가 가진 의문이었다. 암탉은 왜 마당을 나왔을까? 마당을 나온 것은 왜 암탉일까? 이게 궁금해서 이 책을 펼치게 되었다. '잎싹'이라는 이름을 가진 암탉이 자신에 대해 털어놓는 것부터 시작되는 이 책은 잎싹, 초록머리, 나그네와 그들을 위협하는 족제비의 이야기가 하나의 큰 물음 속에서 서로 얽혀 움직인다.
> 알을 낳고 싶어 다른 이의 알을 훔치듯 품어낸 잎싹과 자신의 알을 지키기 위해 끝내 목숨을 내어놓은 나그네의 모습을 통해 나는 부모님의 희생과 사랑을 느낄 수 있었다.
> 하지만 나에게 더 큰 의미로 와 닿은 것은 족제비의 행동이었다. 마당을 나온 암탉 잎싹에게 끊임없는 위협이 되었던 족제비 말이다.

연습하기

예시 답안 **236**쪽

다음 중 한 권을 골라 독서 감상문의 시작 부분을 써 보세요. 여유가 된다면 세 권을 모두 읽고 시작 부분을 써도 좋습니다.

> 샬롯의 거미줄
> 우주 호텔
> 초정리 편지

힌트: 1) 책의 인물/소재/내용, 2) 자신의 경험, 3) 책을 읽게 된 이유 중 1개를 선택해서 쓰세요.

독서 감상문 쓰기 2
센스 있게 줄거리와 감상 섞기

독서 감상문에는 책의 내용(줄거리)과 자신의 감상(생각, 느낌)이 적절히 잘 섞여야 합니다. 둘 중 하나만 들어가서는 좋은 점수를 받기 어려워요. 두 가지를 잘 섞기 위해서는 보통 다음과 같은 두 가지 방법을 많이 사용해요.

가 줄거리 뒤에 감상을 쓴 경우

같은 시간, 같은 장소, 꼭 지키고 싶은 약속

얼마 전까지만 해도 내 옆에 있던 친구가, 갑자기 세상을 떠나게 된다면 어떤 기분일까?

아직 그런 적은 없어서 잘 모르겠지만, 혹시라도 그런 일이 생긴다면 받아들일 수 없을 것 같다. '여름이 반짝' 속의 린아처럼 말이다.

올해 여름, 처음 이 책을 읽었을 때, 내용을 잘 이해하기 힘들었다. 항상 곁에 있을 것만 같았던 사람이 내 곁을 떠난다는 게, 어떤 느낌인지 느껴본 적이 없었기 때문이다.

그래도 무언가 다시 읽어야 할 것만 같았기에 괜한 오기가 생겨 몇 번이고 계속 읽었다. 여러번의 시도 끝에 나는 비로소 내용을 어느 정도 이해할 수 있었다.

외할머니 댁에 머무르던 린아는 그곳에서 두 번째 죽음을 마주한다. 짝꿍 유하가 교통사고로 세상을 떠난 것이다. 린아와 뾰족한 사이였던 사월이도, 유하의 단짝친구 지호도 린아처럼 유하의 죽음을 받아들이지 못하고 있었다. 나라도 친한 친구의 죽음 앞에서는 담담하지 못할 것이기에 이해가 갔다. 동시에 새삼 내 주변 사람들의 존재에 감사해야겠다고 느꼈다.

그런데 유하의 비눗방울이 마법처럼 유하를 다시 만나게 해 주었다. 그것도 꼭 7일마다 7번, 저녁 7시 7분에 말이다. 린아, 사월이 그리고 지호는 함께 유하의 목걸이를 찾기 시작한다. 많은 고난 끝에 아이들은 마침내 목걸이를 찾게 되고, 사월이와 린아도 제법 가까워졌다. 하지만 안타깝게도 여름의 향기만을 머금은 채 유하에게 목걸이를 전해 주지 못했다.

요즘 우리의 여름을 가장 뜨겁게 달군 소재는 무엇일까? 곰곰이 생각해보면 얼마 가지 않아 '코로나'라는 답을 찾을 수 있게 된다. 지난 겨울 우리를 찾아와 올해 여름에도 코로나의 기세는 식을 줄 모른다. 때문에 우리나라뿐만 아니라 전 세계가 고통 받고 있다. 코로나는 벌써 작게는 몇십명, 크게는 몇십만명의 사람을 떠나보냈다. 가만 생각해보면 사람이 세상을 떠나는 건 한순간인데 우리 누구도 그 짧은 순간을 잡을 수 없다는 게 답답하기도 하고, 전염병은 긴 시간동안 많은 사람을 떠나보낼 수 있다는 사실이 또다시 마음이 먹먹해진다. 그렇지만 함께라면 이겨낼 수 있을 거라고 나 자신을 다독여본다.

이 책을 읽으면 우리는 서로를 지켜낼 수 있을 거라는 확신이 든다. 왜냐하면 서로를 구해주는 모습이 많이 등장하기 때문이다. 미친 소 정식이로부터 린아를 구해주는 유하, 철봉에서 떨어지는 린아를 안전하게 받는 사월이, 그리고 린아를 구해내는 사월의 동생 태복이. 어쩌면 이 장면들이 유독 눈에 밟혔던 건, 내 마음과 같아서일지도 모른다. 아직은 어른들의 울타리 속에 있는 우리지만, 그래도 어른들이 우리를 구해내지 못한다면 우리가 단단하게 뭉쳐 서로를 구해내겠다고, 당당하게 외치고 싶은, 그런 마음.

사전은 죽음을 '죽는 일. 생물의 생명이 없어지는 현상을 이른다.'라고 정의한다. 누군가에겐 세상을 잃은 슬픔일텐데 이것을 이렇게 한 마디로 정의한다니, 참 믿기 힘들다. 그래서 내 마음 속에는 죽음을 '하늘의 별이 되는 일. 별동산에서 만나자고 손 흔드는 누군가를 이른다.'라고 정의할 것이다. 그래야 그나마 죽음 앞에서 담담히 손을 흔들 수 있을 것만 같기 때문이다. 한동안 보지 못해도, 결국에는 만나는 모습을 상상하면서.

누군가가 세상의 별이 된다는 건 나에게 아직은 받아들이기 힘들고 어색하다. 동시에 상상만 해도 믿기 힘들고, 일어나지 않을 일이면 한다. 그렇다고 제 할 일을 다해 떠나는 사람을 붙잡을 수는 없다. 그렇기에 내 곁의 사람이 떠나갈 때 나의 숨을 담아 분 비눗방울에 우리의 추억을 함께 담아 보내주고 싶다.

올해 여름, 7월의 햇살은 눈부시게 반짝였고, 7년 만에 첫울음을 터뜨렸을 매미는 오늘이 삶의 마지막 날인 것처럼 온 힘을 다해 울었다. 그리고 나는 같은 시간, 같은 장소, 꼭 지키고 싶은 약속을 지키려 주변 사람들의 존재에 한 번 더 감사한다.

〈제17회 예스 24 어린이 독후감 대회〉 대상 허가윤(죽림초)

가 는 책의 내용이 궁금하도록 사건을 중심으로 줄거리를 간략하게 정리한 후 독서 감상문의 가운데 부분에 넣었습니다. 그 뒤에는 책을 읽고 난 후의 자신의 느낌과 그것을 통해 얻은 깨달음을 잘 표현하였습니다.

나 줄거리와 감상을 섞는 경우

사랑과 공감이라는 마법의 약

오늘도 나는 울그락불그락 얼굴을 붉히며 엄마의 잔소리에 화를 내고 말았다. 어제는 사소한 일로 동생과 다툼이 있었고 또 아빠에게 퉁명스럽게 말을 건넸다. 요즘 나는 뾰족뾰족 가시가 돋친 고슴도치 같다. 세상에서 가장 사랑하고 소중한 우리 가족에게 나는 마음에도 없는 말로 상처를 주고 화를 내다가 금방 후회하고 또 못되게 구는 모습을 스스로 원망하기도 했다. 하지만 나의 이런 어리석은 생각을 완전히 바꾸어 놓은 책을 만나게 되었다. 그 책은 바로 제목부터 흥미로운 아몬드란 책이다.

주인공인 윤재는 태어날 때부터 감정을 관할하는 뇌의 부분이 너무 작아 감정을 느끼지 못하는 아이다. 남들과 달라서 괴물 취급을 당하는 아들을 위해 엄마는 매일 뇌에 좋은 아몬드를 챙겨주곤 하셨다. 그런데 엄마와 할머니가 묻지마살인에 희생이 되는 충격적인 장면을 목격하고도 윤재는 별 감정을 느끼지 못했다. 어떻게 그렇게 아껴주고 사랑해주던 엄마와 할머니가 희생되는 끔찍한 장면을 보고도 아무런 감정을 느끼지 못하는 것인지... 도무지 이해가 되지 않아 나도 다른 사람들처럼 윤재가 괴물로 느껴졌다.

하지만 윤재는 도라라는 육상부를 꿈꾸는 친구를 만나 도라의 꿈을 알아봐 주고 공감해 주면서 친하게 된다. 특히 윤재가 '내가 너한테 다가가니까 심장이 기뻐서 박수치는 거야!'라는 문장은 나의 심장도 콩닥콩닥 뛰게 만들었다. 윤재가 상대방에게 관심을 가지고 공감을 하면서 감정을 느끼지 못하는 장애를 극복할 수 있을 것 같다는 생각과 함께 감정을 미묘하게 느끼기 시작하는 윤재에게서 이유 모를 설레임을 느낄 수 있었던 장면이다.

또 전학 온 학생인 곤이는 매우 폭력적이고 거친 아이로 처음에는 윤재와 얽힌 일 때문에 윤재를 괴롭히고 힘들게 하였으나 자신을 도와준 윤재의 진심을 알고 곤이는 윤재와 진정한 우정을 나눌 수 있게 사이가 되었다. 곤이란 아이는 부모에게 그리고 주변 사람들에게 못되고 굴고 말도 거칠게 하지만 이 모든 것들이 사랑을 받고 싶어 발버둥 치는 잘못된 표현이라는 것을 깨달았을 때 요즘 나의 모습과 비슷하다는 생각을 하게 되었다. 내가 가족에게 그리고 친구들에게 뾰족하게 말하고 행동했던 것은 싫고 미워서가 아니라 더 많은 관심과 사랑을 받고 싶어 투정을 부렸던 게 아니냐란 생각을 하게 만들었다.

그리고 엄마가 식물인간에서 깨어났다는 소식을 듣고 엄마와 끌어안은 장면에서 '어느새 내 눈에서 눈물이 흐르고 있었다. 내가 운다. 그런데 또 웃는다. 엄마도 마찬가지다.'란 문장이 나의 가슴에 깊게 꽂힌 가장 감동적인 장면이었다. 엄마가 범죄를 당하는 끔찍한 장면을 목격하고도 아무렇지 않았던 윤재가 드디어 엄마에 대한 애틋함과 소중함 그리고 벅찬 감동을 느낄 수 있게 되었고 드디어 윤재는 자신의 장애를 극복하게 된 것이 명확히 드러난 결정적인 장면이기 때문이다.

그렇다면 감정을 느끼지 못하는 장애를 가졌던 윤재는 어떻게 자신의 문제를 극복할 수 있었을까? 바로 윤재에게 아낌없는 사랑을 주던 엄마와 할머니 그리고 도라, 곤이 같은 친구들 덕분이었다. 엄마와 할머니에게 큰 사랑과 관심을 받았고 친구들과 갈등도 겪고 이해해 보려고 노력하고 함께 문제를 해결해 나가면서 윤재는 차츰 감정을 느끼는 방법을 배워가고 있었다. 아몬드를 먹고 상대방의 얼굴 표정을 따라하며 감정을 느끼는 방법을 배울 수 있었던 것이 아니라, 상대방을 이해하고 공감하려고 진심으로 노력하는 수많은 연습과 노력을 통해서 배울 수 있었던 것이다. 이를 통해 윤재는 자신의 문제를 극복할 수 있었고 남들과 다르다는 이유로 괴물로 살아가야 했던 끔찍했던 세상이 함께 웃고 울며 살 수 있는 평범한 세상이 될 수 있었다. 괴물로 불리던 윤재는 사랑과 배려 그리고 이해라는 감정으로 사람이 될 수 있었던 것이다.

4차 산업혁명과 함께 AI 기술이 발달하면서 우리는 미래에 기계가 인간을 대체하는 세상이 올지도 모른다는 공포에 떨고 있다. 하지만 기계가 따라 할 수 없는, 즉 인간을 기계와 구별하고 인간을 인간답게 만들 수 있는 것이 바로 감정이라고 한다. 인간만이 타인을 이해하고 공감할 수 있고 이러한 감정들이 원동력이 되어 인류를 위해 많은 노력과 발전을 할 수 있기에 인간에게는 희망이 있다고 한다. 이처럼 더더욱 중요성이 강조되고 있는 감정에 대해 다시 한 번 생각해 보는 계기가 되었고, 감정을 조절하고 적절히 표현하는 방법도 많은 연습과 노력이 필요하다는 사실을 깨닫게 되었다. 또한 나의 감정이 풍부해질 수 있도록 항상 곁에서 도와준 가족들과 친구들에게 진심으로 고마움을 느꼈다.

우리가 사는 세상에는 괴물들이 많이 있다. 사람들과 다른 면을 가지고 있거나 장애를 가진 사람들이 괴물이 아니라, 타인에 대한 이해와 공감 없이 심지어 노력조차 하지 않는 그런 사람들이 진짜 괴물이라고 생각한다.

이젠 나도 꼿꼿하게 세워 둔 가시들을 거두고, 사춘기라는 변명을 접어둔 채 나의 감정을 예쁘게 가다듬고 표현방식도 바르게 가꿀 것이다. 또한 다른 사람들을 이해하고 존중하며 배려하는 연습과 노력을 매일 하면서 진정 아름다운 사람 그리고 사람다운 사람이 될 것이다. 그래서 나로 하여금 다른 사람들도 힘을 얻고 행복한 감정을 느낄 수 있는 따뜻한 사람이 되어 이 세상을 살기 좋은 행복한 세상으로 만드는 데 도움이 되고 싶다.

〈제17회 예스 24 어린이 독후감 대회〉 금상 정소미(대자초)

나는 책의 내용을 말하는 중간에 감상을 넣었습니다. 감상 중에는 자기반성과 깨달음 역시 잘 나타나 있습니다. 가와 나는 어떤 방식으로 독서 감상문을 쓴 것인지 정리해 봅시다.

	가	나
처음	주제에 대한 자신의 생각	줄거리와 비슷한 자신의 경험
가운데	줄거리	줄거리+감상 줄거리+감상 (반복)
끝	책 전체에 대한 자신의 생각과 느낌	책 전체에 대한 자신의 생각과 느낌

책의 종류나 독서 감상문의 구성에 따라 가와 나 중에 한 가지를 선택하면 됩니다. 단, 이것만은 반드시 주의해야 합니다. 줄거리를 적을 때는 책에 있는 문장을 그대로 가져와서는 안 됩니다. 줄거리가 너무 길어지거나 쓸데없는 말이 들어갈 수도 있기 때문이죠. 왜 그런지 아래 표를 봅시다. 1과 2 중 어떤 글이 〈마당을 나온 암탉〉의 '잎싹'에 대한 정보를 더 많이 주고 있는지 골라 보세요.

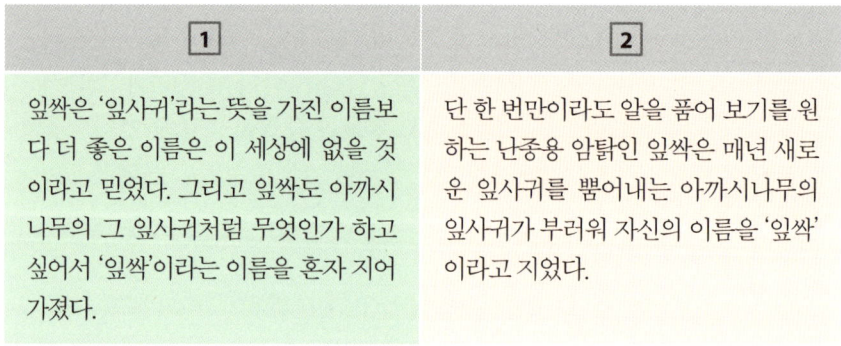

1	2
잎싹은 '잎사귀'라는 뜻을 가진 이름보다 더 좋은 이름은 이 세상에 없을 것이라고 믿었다. 그리고 잎싹도 아까시나무의 그 잎사귀처럼 무엇인가 하고 싶어서 '잎싹'이라는 이름을 혼자 지어 가졌다.	단 한 번만이라도 알을 품어 보기를 원하는 난종용 암탉인 잎싹은 매년 새로운 잎사귀를 뿜어내는 아까시나무의 잎사귀가 부러워 자신의 이름을 '잎싹'이라고 지었다.

정답은 2번입니다. 1번은 책 내용을 그대로 적은 것이고, 2번은 글쓴이가 책 내용을 정리한 것입니다. 독서 감상문에서는 책 내용의 필요한 부분을

압축하여 소개해야 합니다. 그러니 책에 나온 문장을 그대로 옮기는 것은 바람직하지 않아요.

자, 이제 본격적으로 독서 감상문을 써 봅시다. 먼저 책의 내용과 그것에 대한 자신의 감상을 정리해야 합니다. 다음은 〈돼지책〉을 읽고 쓴 것입니다.

가 줄거리 정리하기

〈돼지책〉 줄거리	집안일은 무조건 엄마가 하는 것이라고 생각했던 피곳 씨 가족은 어느 날 엄마가 사라지고 나서야 엄마의 소중함을 알게 된다. 엄마가 다시 돌아온 후 피곳 씨 가족은 집안일을 서로 나누어 하게 되고 엄마는 자신이 원했던 자동차 정비 일을 하며 행복을 느낀다.

줄거리는 지나치게 상세하게 쓰지 않도록 합니다. 글쓴이의 생각이나 느낌보다 줄거리가 더 많아지면 안 되니까요.

나 자신의 감상 정리하기

자신의 생각과 느낌	· 나는 피곳 씨 가족이 점점 돼지로 변하는 장면이 특이하다고 느꼈다. 특히 집 안 여기저기에 돼지가 있어 숨은 그림 찾기를 하는 것처럼 돼지 그림을 찾는 재미도 있었다. · 집안일을 하는 엄마와 집안일에 전혀 참여하지 않았던 피곳 씨 가족의 모습을 다르게 보여 준 게 인상 깊었다. 피곳 씨와 그 아들 둘은 매우 화려한 색깔의 옷차림을 하고 있는 반면, 엄마는 갈색으로 어둡게 표현되어 있었다. 또 이때에는 얼굴이 잘 드러나지 않아 엄마의 표정이 잘 보이지 않는다. · 엄마가 집으로 돌아온 후에 서로 집안일을 나누어 할 때 다른 가족들처럼 엄마의 옷차림 역시 갈색이 아닌 다른 색깔로 표현되어 있다. · 표지에서 엄마가 자신보다 더 큰 아빠와 두 아들을 업고 있는 장면을 보고 화가 났다. 엄마는 다른 가족을 위해 희생하고 있다는 것을 보여 주는 것 같았다.

가능하면 자신의 감상은 '좋았다, 나빴다'와 같이 직접적인 단어로 표현하지 않는 게 좋습니다. 무엇이 좋은지, 무엇이 나쁜지 알 수 없게 단편적인 감정만 드러내는 것은 글쓴이가 감상을 풍부하게 표현하지 못한다는 평가를 받을 수 있기 때문입니다.

또한 감상을 일반적으로 표현하는 것과 더불어 나만의 독특한 표현이 들어가면 좋습니다. 예를 들어, '엄마가 혼자서 집안일을 할 때 돕지 않는 다른 가족들에게 화가 났다'는 책을 읽은 사람 대부분이 가질 수 있는 일반적인 생각입니다. 이것을 '가족에게 정말 중요한 엄마가 피곳 씨네 집에서는 혼자서 집안일을 하는 신데렐라처럼 보여 슬펐다'라고 표현하면 더 신선하게 느껴질 수 있습니다. 이런 식으로 자신만의 독특한 표현 방식을 넣으면 더 좋은 평가를 받을 수 있겠지요.

연습하기

예시 답안 **236**쪽

가이드

독서 감상문을 쓰기 위한 책을 한 권 정합니다. 이미 읽어본 책을 골라야 합니다. 읽으면서 많은 생각을 했던 것으로 선택하세요. 오래 전에 읽어서 기억이 잘 안 나거나 내용이 어려워 이해가 되지 않았던 책은 연습용으로는 좋지 않습니다. 또한 〈콩쥐팥쥐〉, 〈신데렐라〉 같은 동화도 추천하지 않습니다. 동화는 읽은 후의 감상이 몇 가지로 정해져 있기 때문이에요. **1~3**번을 다 쓰고 '좋았다, 싫었다, 화가 났다, 미웠다' 같이 감정을 그대로 드러낸 말이 있다면 자신만의 독특한 생각이나 느낌을 전할 수 있는 표현으로 바꾸어 보세요.

1 독서 감상문을 쓰기 위해 선택한 책의 제목을 써 보세요.

2 1번에 쓴 책의 줄거리를 정리해서 써 보세요.

연습하기

3 책을 읽고 난 생각이나 느낌을 써 보세요.

독서 감상문 쓰기 3
마음에 쏙 박히는 감상 쓰기

독서 감상문을 쓰는 목적은 책을 읽고 삶에 대한 깨달음을 얻기 위해서입니다. 그래서 이런 깨달음이 잘 나타난 감상문이 우수한 평가를 받습니다. 깨달음은 다른 말로 '교훈'이라고 합니다. 다음 단계에 따라 책에 담겨 있는 교훈을 독서 감상문에 잘 표현하는 연습을 해 봅시다.

책을 읽고 얻은 교훈 모두 찾기

〈돼지책〉을 읽고 얻은 교훈

- 집안일은 우리 모두의 일이다
- 집안일을 나누어서 하자
- 스스로 할 수 있는 일은 스스로 하자
- 엄마도 꿈이 있다
- 가족은 한 사람의 희생으로 존재할 수 없다
- 모두가 평등할 때 가족은 행복해질 수 있다

책을 읽고 얻게 된 교훈을 모두 다 적도록 합니다. 이렇게 전부 떠올리다 보면 결국 감상문을 쓰기에 가장 알맞다고 생각되는 것을 찾을 수 있습니다. 그러니 일단 떠오르는 모든 교훈을 다 적어 보는 게 좋습니다.

나에게 와 닿는 일반적인 교훈 선택하기

앞서 적은 교훈 중에서 한 가지를 선택합니다. 독서 감상문에는 나한테만 해당되는 것이 아니라, 다른 사람에게도 일반적으로 적용될 수 있는 교훈이 들어가야 합니다. 그러면서도 나에게 가장 와 닿는 것을 골라야 감상문을 쓸 내용이 많아지겠죠. 그래서 저는 위에 나온 여러 교훈 중에 '가족은 한 사람의 희생으로 존재할 수 없다'를 선택하겠습니다.

감상에 교훈 덧붙이기

이제 가장 중요한 부분입니다. 157쪽에 미리 써 두었던 생각, 느낌 등의 감상을 내가 찾은 일반적인 교훈이 들어가도록 바꾸는 것입니다.

써 두었던 감상에(검은색 글자) 파란색 글자로 교훈을 추가했습니다. '가족은 한 사람의 희생으로 존재할 수 없다'를 나타내기 위해 '한 사람의 희생'이라는 말을 조금씩 넣었습니다. 어떻게 다른지 비교해서 살펴보세요. 이렇게 교훈을 추가한 다음에는 겹치는 내용이나 필요 없는 부분을 삭제해서 매끄럽게 정리하면 됩니다.

감상에 '교훈' 넣기

* 나는 피곳 씨 가족이 점점 돼지로 변하는 장면이 특이하다고 느꼈다. 특히 집 안의 여기저기에 돼지 모습이 담겨져 있어 그림에서 숨은 그림 찾기를 하는 것처럼 돼지 그림을 찾는 재미도 있었다. ㄴ 집안일은 하지 않으면서 혜택만 받으려고 했기 때문에 자기 욕심을 채우는 돼지와 같다고 생각했다. 작가도 그래서 피곳 씨 가족들을 돼지로 표현하였고, 그들이 사는 집을 돼지우리로 표현한 것이라고 생각했다.

* 집안일을 하는 엄마 모습과 집안일에 전혀 참여하지 않았던 피곳 씨 가족의 모습을 다르게 보여 준 게 인상 깊었다. 피곳 씨와 그 아들은 매우 화려한 색깔의 옷차림을 하고 있는 반면, 엄마는 갈색으로 어둡게 표현되어 있었다. 또 이때에는 얼굴이 잘 드러나지 않아 엄마의 표정이 잘 보이지 않는다. ㄴ 집그림의 색깔이 다른 것이 색달랐다. 가족을 위해 묵묵히 희생하는 모습을 어두운 색인 흑갈색으로 처리한 것은 한 사람의 희생이 얼마나 힘든 것인지를 보여주기 위함이라고 느꼈다. 희생이 밝고 화려할 수 없지 않은가?

* 엄마가 집으로 돌아온 후에 서로 집안일을 나누어 할 때 다른 가족들처럼 엄마의 옷차림 역시 갈색이 아닌 다른 색깔로 표현되어 있다.

* 표지에서 엄마가 자신보다 더 큰 아빠와 두 아들을 업고 있는 장면을 보고 화가 났다. 엄마는 다른 가족을 위해 희생하고 있다는 것을 보여 주는 것 같았다.
ㄴ 다른 가족을 위해 희생하는 엄마를 떠올리며 우리는 반성해야 한다. 그리고 불편함을 느껴야 한다. 우리 엄마가 우리 가족을 저렇게 힘들게 혼자 업고 있지는 않은가 돌아보며 말이다.

줄거리와 감상을 적절하게 배치하기

이제 지금까지 정리한 것을 157쪽에 써 두었던 줄거리와 적절한 순서로 합칠 거예요. 이런 걸 배치한다고 하는데 '배치'란 어떤 것을 적당한 자리에 둔다는 말입니다. 헷갈리지 않게 정리하려면 번호를 붙이는 게 좋습니다. 글을 쭉 읽어보고 어떤 순서로 배치하면 멋진 독서 감상문이 될지 생각해 보세요. 제가 추천하는 순서는 다음과 같습니다.

줄거리 + 감상	① 집안일을 하는 동안의 엄마 모습과 집안일에 전혀 참여하지 않았던 피곳 씨 가족의 모습을 다르게 보여 준 점이 인상 깊었다. 피곳 씨와 그 아들 둘은 매우 화려한 색깔의 옷차림을 하고 있는 반면, 집안일을 하는 엄마의 모습은 갈색으로 어둡게 표현되어 있었다. 또 이때에는 엄마의 얼굴이 잘 드러나지 않아 엄마의 표정이 잘 보이지 않는다. 그림의 색깔이 다른 것이 색달랐다. 가족을 위해 묵묵히 희생하는 모습을 어두운 색인 흑갈색으로 처리한 것은 한 사람의 희생이 얼마나 애달픈지를 보여 주기 위함이라고 느꼈다. 희생이 밝고 화려할 수 없지 않은가? ② 집안일은 무조건 엄마가 하는 것이라고 생각했던 피곳 씨 가족은 어느 날 엄마가 사라지고 나서야 엄마의 소중함을 알게 된다. ③ 나는 피곳 씨 가족이 집안일은 하지 않으면서 혜택만 받으려고 했기 때문에 자기 욕심을 채우는 돼지와 같다고 생각했다. 작가도 그래서 피곳 씨 가족을 돼지에 비유했고, 그들이 사는 집을 돼지우리로 표현한 것이라고 생각했다. 또 한편으로는 집 안 여기저기에서 숨은 그림 찾기를 하는 것처럼 돼지 그림을 찾는 재미도 있었다. ④ 표지에서 엄마가 자신보다 더 큰 아빠와 두 아들을 업고 있는 장면을 보고 화가 났다. 다른 가족을 위해 희생하는 엄마를 떠올리며 우리는 반성해야 한다. 그리고 불편함을 느껴야 한다. 우리 엄마가 우리 가족을 저렇게 힘들게 혼자 업고 있지는 않은가 돌아보며 말이다. ⑤ 엄마가 다시 돌아온 후 피곳 씨 가족은 집안일을 서로 나누어 하게 되고 엄마는 자신이 원했던 자동차 정비 일을 하며 행복을 느낀다.

줄거리는 ②번과 ⑤번입니다. 책에 나온 내용 순서대로 정리할 필요는 없고, 이야기하고자 하는 흐름이 연결되면 됩니다. ②번과 ③번은 서로 순서가 바뀌어도 괜찮습니다. 이렇게 내용을 합치면서 필요 없는 내용은 삭제해도 됩니다.

부족한 부분 채우기

번호를 매기면서 이야기의 어색한 점이나 부족한 점을 발견한 사람도 있을 거예요. 책을 읽고 나서 느낀 생각을 그대로 나열한 것이기 때문에 여기까지 진행한 것으로 독서 감상문이 완성된 것은 아닙니다. 그 빈틈 사이사이를 잘 메워야 하죠.

옆에 써 둔 '줄거리+감상'을 보면서 생각해 봅시다. ①번 내용을 자연스럽게 이해하려면 그림에 주목해야 한다는 것을 말해야겠네요. 그렇지 않으면 엄마와 피곳 씨 가족의 모습이 달랐다는 내용이 갑자기 등장하기 때문에 글이 어색합니다. 그래서 ①번 앞에 다음과 같은 문장을 추가하면 좋습니다.

위치	내용
①의 앞	〈돼지책〉에서 가장 눈여겨 볼만한 부분은 바로 그림이다. 그림으로 피곳 씨 가족과 집이 아주 재미있게 표현되어 있다. 또,

문장을 추가했을 때 내용에 어색함이 없는지를 확인하기 위해서 이런 표를 활용하면 좋아요. 그 다음, 나머지 내용에도 더 추가할 것이 없는지 살펴봅시다. 그러면, 아래와 같은 표가 완성이 됩니다.

위치	내용
①의 앞	〈돼지책〉에서 가장 눈여겨 볼만한 부분은 바로 그림이다. 그림으로 피곳 씨 가족과 집이 아주 재미있게 표현되어 있다. 또,
②의 앞	엄마의 삶이 화려하지도 행복하지도 않아 보였던 것은 나만의 생각은 아니었나 보다. 더 이상 희생하기 힘들었던 엄마는 어느 날 갑자기 사라졌다.
④의 앞	이 책에서 엄마의 고통을 가장 잘 표현하고 있는 것은 표지다.
⑤의 앞	이 이야기는 엄마가 집으로 돌아온 후 달라진 피곳 씨 가족의 모습을 보여 주는 것으로 마무리가 된다.
⑤의 뒤	작가가 꿈꾸는 가족의 모습은 아마 마지막 이 장면이 아닐까 한다.

자, 여기까지는 〈돼지책〉을 읽고 독서 감상문을 쓰는 과정이었습니다. 이제 여러분이 쓴 글에도 번호를 매겨 어떤 순서로 배치할지 결정해 보세요. 그런 다음 그 순서로 독서 감상문을 썼을 때 부족하거나 자연스럽지 못한 부분이 있는지 찾아보세요. 그리고 그 틈을 메울 수 있는 문장을 추가하면 자연스러운 독서 감상문을 쓸 수 있습니다.

앞선 과정을 통해 쓴 〈돼지책〉 독서 감상문의 가운데 부분입니다.

〈돼지책〉에서 가장 눈여겨 볼만한 부분은 바로 그림이다. 그림으로 피곳 씨 가족과 집이 아주 재미있게 표현되어 있다. 또, 집안일을 하는 동안의 엄마 모습과 집안일에 전혀 참여하지 않았던 피곳 씨 가족이 정말 달랐던 점이 인상 깊었다. 피곳 씨와 그 아들은 매우 화려한 색깔의 옷차림을 하고 있는 반면, 집안일을 하는 엄마의 모습은 갈색으로 어둡게 표현되어 있었다. 또 이때에는 엄마의 얼굴이 잘 드러나지 않아 엄마의 표정이 잘 보이지 않는다. 그림의 색깔이 다른 것이 색달랐다. 가족을 위해 묵묵히 희생하는 모습을 어두운 색인 흑갈색으로 처리한 것은 한 사람의 희생이 얼마나 애달픈지를 보여주기 위함이라고 느꼈다. 희생이 밝고 화려할 수 없지 않은가?

화려하지도 행복하지도 않았던 것은 나만의 생각은 아니었나 보다. 더 이상 희생하기 힘들었던 엄마는 어느 날 갑자기 사라졌다. 집안일은 무조건 엄마가 하는 것이라고 생각했던 피곳 씨 가족들은 어느 날 엄마가 사라지고 나서야 엄마의 소중함을 알게 된다.

나는 피곳 씨 가족들이 집안일은 하지 않으면서 혜택만 받으려고 했기 때문에 자기 욕심을 채우는 돼지와 같다고 생각했다. 작가도 그래서 피곳 씨 가족들을 돼지에 비유했고, 그들이 사는 집을 돼지우리로 표현한 것이라고 생각했다. 또 한편으로는 집 안 여기저기에서 숨은 그림 찾기를 하는 것처럼 돼지 그림을 찾는 재미도 있었다.

이 책에서 엄마의 고통을 가장 잘 표현하고 있는 것은 표지다. 표지에서 엄마가 자신보다 더 큰 아빠나 두 아들을 업고 있는 장면을 보고 화가 났다. 다른 가족을 위해 희생하는 엄마를 떠올리며 우리는 반성해야 한다. 그리고 불편함을 느껴야 한다. 우리 엄마가 우리 가족을 저렇게 힘들게 혼자 업고 있지는 않은가 돌아보며 말이다.

이 이야기는 엄마가 집으로 돌아온 후 달라진 피곳 씨 가족의 모습을 보여주는 것으로 마무리가 된다. 엄마가 다시 돌아온 후 피곳 씨 가족은 집안일을 서로 나누어 하게 되고 엄마는 자신이 원했던 자동차 정비 일을 하며 행복함을 느낀다. 작가가 꿈꾸는 가족의 모습은 아마 마지막 이 장면이 아닐까 한다.

연습하기

1 159쪽서 연결해서 써 보세요. 책을 읽고 나서 얻을 수 있는 교훈을 모두 적어 보세요.

2 1번에 쓴 것 중에서 나에게 와 닿는 일반적인 교훈을 한 개 선택하세요.

3 159쪽에 썼던 줄거리와 감상을 2번에서 선택한 교훈과 연결해 보세요. 어색한 부분에는 새로운 내용을 추가하세요.

독서 감상문 쓰기 4
여운 주며 끝맺기

독서 감상문은 핵심 내용을 한 번 더 요약하거나 강조하는 형식으로 마무리하지 않습니다. 이럴 경우 내용이 반복되어 지루하고 감동을 주지 못하거든요. '감동을 주지 못한다 → 감동을 줘야 한다'에 답이 있습니다. 감동을 줘서 여운을 남기면 기억에 오래 남고 상을 받을 가능성이 더 높아지겠죠.

깨달음을 내 삶에 적용하며 마무리

독서 감상문을 마무리하는 방법은 두 가지가 있어요. 첫 번째는 삶의 깨달음을 내 생활에 적용하는 거예요. 책에서 얻은 삶의 깨달음을 이용하여 나의 모습을 반성하거나 앞으로 어떻게 하겠다고 다짐하는 것으로 글을 마무리하는 것이죠. 그래서 대체로 '나의 이러이러한 점을 반성하였다', '앞으로 나는 이러이러하게 행동하겠다' 등의 표현을 쓰지요. 다음 당선작들에서 확인해 보세요.

사랑과 공감이라는 마법의 약

우리가 사는 세상에는 괴물들이 많이 있다. 사람들과 다른 면을 가지고 있거나 장애를 가진 사람들이 괴물이 아니라, 타인에 대한 이해와 공감 없이 심지어 노력조차 하지 않는 그런 사람들이 진짜 괴물이라고 생각한다.

<u>이젠 나도 꼿꼿하게 세워 둔 가시들을 거두고, 사춘기라는 변명을 접어둔 채 나의 감정을 예쁘게 가다듬고 표현방식도 바르게 가꿀 것이다. 또한 다른 사람들을 이해하고 존중하며 배려하는 연습과 노력을 매일 하면서 진정 아름다운 사람 그리고 사람다운 사람이 될 것이다. 그래서 나로 하여금 다른 사람들도 힘을 얻고 행복한 감정을 느낄 수 있는 따뜻한 사람이 되어 이 세상을 살기 좋은 행복한 세상으로 만드는 데 도움이 되고 싶다.</u>

〈제17회 예스 24 어린이 독후감 대회〉 금상 정소미(대자초)

"모모" 우리들의 잃어버린 시간을 찾아서

<u>누구에게나 공평하게 주어진 시간인데 나는 그 시간을 가치 있게 쓰지 못하고 마치 열심히 달리지 않아 술래에게 잡히는 것과 같이 시간이 항상 부족하다고 불평만 하였던 것 같다.</u>

생각해보니 호라 박사에게 시간을 더 달라고 할 게 아니라 술래에게 잡히지 않으려고 열심히 뛰는 사람처럼 시간을 도둑맞지 않도록 주어진 시간에 내가 할 수 있는 일에 최선을 다하는 것이 진정한 시간의 주인이고 또한 시간 부자가 되는 길일 것 같다. 그렇게 우리가 열심히 달리면 시간이라는 창고에 더 많은 시간을 저축해 그 시간을 소중한 사람들과 더 많이 함께 할 수 있을 테니간 말이다.

<u>시간에게 잡히지 않고 도둑들에게 뺏기지 않고 인생에서 가장 중요한 시간이라는 열쇠를 가치 있게 닦는 별 같은 사람이 되어야겠다.</u>

〈제16회 예스 24 어린이 독후감 대회〉 대상 이다겸(대광초)

지금도 어디선가 고갤 숙이고 있을 수많은 혼자들에게

'다른 사람과 어울리거나 함께 있지 아니하고 그 사람 한 명만 있는 상태'

　사전은 이것을 혼자라고 말한다. 혼자. 그 뜻은 과연 몇 개일까? 단 하나의 뜻으로 단정지을 수 있을까? 혼자도 자신이 원해서 하는 스스로 혼자, 혼자가 무서운 소심한 혼자. 혼자에게서 벗어나려고 애쓰는 무서운 혼자…. 세상에는 뜻 하나만으로 단정지을 수 없는 여러 명의 혼자들이 있는 것 같다. 시원이는 처음에는 무서운 혼자에서 당당한 혼자로 변하였고 마침내 다시 친구를 사귀었다. 그때 혼자인 나는 무슨 혼자였을까?

　이 책은 고개를 숙이고 있을 세상의 수많은 혼자들에게 바치고 싶다. 시원이처럼 당당해지라고, 힘을 내라고 말해 주고 싶다. 나도 시원이처럼 되어 보기로 했다. 친구를 잃을까 한 발 뒤로 물러서지 말고 나의 마음을 있는 그대로 표현하는 당당한 사람이 되어 보기로 했다. 그러다가 혼자가 되어도 나는 당당해지기로 했다. 왜냐고? 나는 시원이가 되고 싶으니까. 더 이상 혼자 울던 내가 되고 싶지 않기 때문이다.

〈제16회 예스 24 어린이 독후감 대회〉 금상 이다감(강동초)

세상의 변화를 기대하며 마무리

두 번째는 세상의 변화를 기대하는 내용으로 채우는 것이에요. 이 경우에는 첫 번째 방법처럼 '나'만의 이야기가 아닙니다. 다음 당선작들을 읽으면 이해하기가 쉬울 거예요.

너는 다른 그 누구도 아니야, 너는 너일뿐이야

아직 세상은 우리가 싸워야 할 많은 편견과 차별로 가득 차 있다. 직원 채용, 장교 모집시 성차별, 학력에 따른 차별 등 세상은 많은 편견과 차별로 둘러싸여 있다. 또한, 3학년 때 친구와 다르게 세상에는 많은 편견과 차별을 극복하거나 견뎌내지 못하고 피해받는 사람들이 많다. 줄리와 같이 남들과 조금 다르면 적은 사랑을 받게 되는 많은 사람들 말이다. 자신도 사랑을 받고 싶으니 더 많은 사랑을 받기 위해 어쩔 수 없이 남들과 같은 모습이 되고 자신다움을 잃게 된다. 남자, 여자라는 이유 등으로 차별받지 않고 우리는 그 존재 자체로 존중받아야 한다. 평등, 나다울 권리를 이해하고 인정하는 사회가 되는 그날을 기다려 본다.

〈2021 서초구 어린이 독서 감상문·감상화 공모전〉 우수상 최훈(언남초)

색안경

　하지만, 지금 이 순간에도 많은 사람들이 이 색안경의 형광색 컬러를 물로 씻어내고 열린 마음으로 세상을 보기를 기원하면서 여러 분야에 서서 노력을 합니다. 지금은 아주 느린 거북이걸음으로 세상이 조금씩 조금씩 달라지고 있지만, '티끌모아 태산'이라고 이 걸음들이 모여서 나중에는 성큼성큼 큰 걸음이 될 것이고 이런 큰 걸음이 모이고 모여서 힘찬 달리기가 될 것입니다.
　사람들의 형광색깔이 서서히 씻겨 나가길, 그리고 사람들이 푸실이처럼 담을 넘기를 바라며, 서초구의 한 동네에서 김아윤이 이 글을 씁니다.
〈2021 서초구 어린이 독서 감상문·감상화 공모전〉 대상 김아윤(잠원초)

　독서 감상문의 끝부분은 너무 길지 않은 게 좋습니다. 가장 핵심적인 내용은 가운데 나오는 줄거리와 감상이니까요. 그래서 가능하면 5~7문장 정도가 좋아요. 10문장을 넘어가지 않도록 주의하세요.

연습하기

예시 답안 **238**쪽

1 168쪽에서 연결해서 써 보세요. 책에서 얻은 삶의 깨달음을 자신에게 적용시켜 독서 감상문을 끝맺어 봅시다.

2 책에서 얻은 삶의 깨달음대로 생활했을 때 변화할 미래를 희망하며 독서 감상문을 끝맺어 봅시다.

독서 감상문 쓰기 5
손이 가는 제목 짓기

거의 대부분의 학생이 독서 감상문의 제목을 '○○○○을 읽고'라고 정해요. 제목에 별로 신경을 쓰지 않기 때문이죠. 하지만 이런 제목은 재미가 없어서 읽고 싶은 생각이 들지 않아요.

다른 글과는 다르게 독서 감상문은 내용을 어느 정도 예측할 수 있어요. 예를 들어 〈길모퉁이 행운돼지〉를 보면 '욕심을 내지 말자, 행운만을 바라지 말자'라는 내용을 예상할 수 있는 것처럼요. 그러면 어떤 내용의 글일지 뻔히 예상이 되기 때문에 재미가 없게 느껴집니다.

사람은 보통 예측과 전혀 다른 이야기가 펼쳐질 때 반전의 재미를 느껴요. 그런데 독서 감상문은 글의 특성상 이런 반전의 재미가 적습니다. 그런데 제목마저 '○○○○을 읽고'처럼 단조롭다면, 읽지 않아도 이미 내용을 아는 것 같은 느낌일 거예요. 그렇기 때문에 <mark>특징 있는 제목으로 읽는 사람의 눈길을 끄는 게 좋겠죠.</mark> 다음 중 어떤 제목이 읽는 사람의 흥미와 관심을 더 끌 수 있을까요?

1. 〈길모퉁이 행운돼지〉를 읽고
2. 행운을 바라지 말자

아무래도 2번이 더 흥미롭게 느껴지지 않나요? 그럼 다음은 어떤 게 더 관심을 끌지 봅시다.

3. 행운을 바라지 말자

4. 대가 없는 행운이 있을까?

　이번에는 4번이 더 흥미롭게 느껴질 것입니다. 3번은 책에서 말하는 교훈을 제목으로 그대로 썼기 때문에 4번보다는 재미없게 보일 수 있어요. 4번처럼 보는 사람에게 생각할 거리를 주면 더 흥미를 가지게 됩니다.

5. 무작정 행운을 바라는 돼지들에게

6. 당신 마음속 돼지를 찾아서

　이 제목들도 읽는 사람에게 흥미를 느끼게 할 수 있어요. 책의 내용이 전부 드러나지는 않지만, 어떤 이야기인지 궁금해지고 독서 감상문을 다 읽은 후에는 왜 이런 제목을 붙였는지 이해할 수 있기 때문입니다.

한 가지 주의할 점!

　책 내용에서 너무 벗어나는 제목은 내용을 짐작하기 어렵기 때문에 적합하지 않습니다. 또, 책에서 그리 중요하지 않은 내용을 제목으로 삼는 건 피해야 합니다. 〈흥부와 놀부〉를 읽고 쓴 독서 감상문에 〈한 형제 이야기를 읽고〉, 〈강남에 간 제비〉라고 제목을 붙이면 무슨 책을 읽고 쓴 것인지 바로 알아보기가 어려우니까요. 〈흥부와 놀부〉의 주인공들이 형제인 것은 맞지만 이 이야기에서는 그 사실이 아주 중요한 것은 아닙니다. 또 제비가 강남에 간 것은 이야기 전체에 크게 영향을 미치는 사건이 아니기 때문에 제목으로는 좋지 않아요.

연습하기

예상 답안 **238쪽**

〈마당을 나온 암탉〉을 읽고 쓴 독서 감상문에 제목을 붙여 보세요.

나만의 독서 감상문 쓰기

1 독서 감상문을 쓸 책을 정해서 제목을 써 보세요.

2 책을 읽고 난 감상을 왼쪽 칸에 정리해 보세요. 오른쪽은 6번 문제를 위해 비워 두세요.

감상	깨달음 추가(6번 문제)
예시 갈매기가 죽어가면서도 고양이에게 자신의 알을 부탁하는 장면을 보면서 부모님의 사랑의 깊이는 어디까지인지 궁금했다.	갈매기는 죽어가면서도 고양이에게 자신의 알을 부탁했다. <u>목숨보다 알을 소중히 여기</u>는 갈매기. 매순간 나를 먼저 생각하는 우리 <u>부모님이 떠올랐다.</u>

3 책의 줄거리를 정리해 보세요.

_____
_____
_____
_____
_____
_____
_____
_____

4 책에서 느낄 수 있는 교훈을 모두 써 보세요.

5 4번에 쓴 교훈 중에서 일반적이면서도 자신에게 와 닿는 것에 동그라미를 쳐 보세요.

6 2번으로 돌아가 왼쪽 내용을 다시 읽고, 4번에 동그라미 쳤던 교훈이 드러나게 바꾸어 써 보세요.

7 2번, 3번에 쓴 내용을 다시 읽고, 순서를 정하세요. 그 순서대로 독서 감상문을 쓴 다음에 부족한 부분이 있다면 채워 넣어 보세요.

8 세 가지 방법 중 하나를 선택해서 독서 감상문의 첫 부분을 써 보세요.

❶ 중요한 소재나 내용, 혹은 인물로 시작하기
❷ 등장인물이 하는 중요한 행동/생각과 비슷한 자신의 경험으로 시작하기
❸ 이 책을 읽게 된 이유로 시작하기(전체 내용에 잘 녹아들어야 함)

9 두 가지 방법 중 하나를 선택해서 독서 감상문의 끝 부분을 완성해 보세요.

❶ 삶의 깨달음을 내 생활 속에 적용하여 마무리
❷ 삶의 깨달음으로 세상이 변화하길 기대하며 마무리

10 독서 감상문에 제목을 붙여 보세요.

시작해요

이상한 하음이

또다. 하음이가 또 저런다. 이쯤 되면 자신이 이상한 걸 알 텐데, 하음이는 아닌가 보다. 우리 반 하음이는 발표를 많이 하는데 발표할 때마다 우리는 모두 한숨을 쉰다. 왜냐하면 하음이는 항상 이상한 말만 하기 때문이다.

오늘 선생님께서 우리가 도서관 이용을 많이 하지 않는다고 하시면서 왜 그런지에 대해 자신의 생각을 말해 보라고 하셨다. 은수는 도서관에 아이들이 좋아하는 책이 없어서라고 했고, 지훈이는 도서관을 이용할 시간이 없어서라고 했다.

그런데, 갑자기 하음이가 손을 번쩍 들더니
"도서관이 우리 학교에서 있기 때문입니다." 라고 대답했다. 선생님은 당황하셔서 그게 무슨 뜻인지 하음이에게 물어보셨다.

202○년 ○월 ○일

날씨: 눈

"도서관이 우리 학교에 없고 다른 데 있었으면 더 자주 갔을 거예요."

하음이는 도서관이 학교 밖에 있어야 더 많은 아이들이 이용할 거라고 말했다. 무슨 말일까? 학교 안에 있을 때에도 안 가는데 학교 밖에 있으면 더 안 갈 거라고 해도 하음이는 자기 말이 맞다고 주장했다. 하음이가 계속 우기니, 선생님도 아이들도 그냥 넘어가 주었다. 그런데 쉬는 시간에 하음이가 "봐, 내가 너무 말을 잘 하니까 다들 내 말에 넘어갔지?"라고 하는 것이 아닌가!

하음이에게 한 방 먹일, 그런 말이 필요한데…. 떠오르지 않는다. 아~ 누가 나에게 아이디어를 주면 좋겠다.

여러분 주변에는 하음이처럼 잘 우기는 친구가 있나요? 하음이에게 한마디 하고 싶다면 지금부터 논설문을 쓰는 공부를 열심히 해 봅시다. 이 공부를 마치고 나면 여러분은 하음이의 말이 어떤 부분에서 잘못되었는지 논리적으로 설명할 수 있을 거예요. 자, 다 같이 시작합시다!

논설문이 뭔가요?

　37쪽에서 글의 유형에 대해 간단히 배웠습니다. 어떤 기준에 따라 모아 놓은 글의 덩어리를 글의 유형이라고 하지요. 이렇게 글의 유형을 나누는 기준 중에는 글을 쓴 '목적'이 있습니다. 어떤 대상을 다른 사람에게 알리고 싶어서 글을 쓰기도 하고, 자신의 생각대로 다른 사람들이 따라 주기를 바라는 마음에서 쓰는 경우도 있지요.

　논설문은 자신의 생각대로 다른 사람들이 따라 주기를 바라면서 쓰는 글이에요. 그러니까 논설문에는 자신이 가지고 있는 생각이 무엇인지, 그리고 왜 그 생각대로 따르는 게 좋은지에 대한 설득력 있는 이유가 잘 나타나야 해요. 그러려면 납득이 가는 주제로 확실한 근거를 가지고 논리를 펼쳐야 합니다. 논설문에서 가장 중요한 요소인 '근거'는 '어떤 일/의견에 대한 이유'를 말합니다. 이유가 그럴듯하면 '나도 이렇게 해야겠다'는 생각이 들겠지요? 자, 이제 읽는 사람이 기꺼이 따르고 싶어지는 논설문을 써 봅시다.

논설문 쓰기 대회에는 어떤 것들이 있나요?

2019년 열렸던 논설문 관련 대회를 소개합니다. 모두 전국 초등학생을 대상으로 한 대회입니다. 특정 지역 학생만 참여할 수 있도록 한 대회는 더 많았어요. '논설문 대회'로 찾아보면 여러분의 글쓰기 솜씨를 뽐낼 수 있는 기회가 많으니 이 책을 통해 논설문 쓰기를 연습한 후 꼭 참여해 보세요.

대회명	주관사
통일염원 글짓기 대회	오마이뉴스, 대구YMCA 외
전국 초등학생 금연글짓기 공모전	한국건강관리협회, 소년한국일보
에코-제너레이션 환경 글짓기 대회	꿈나무 푸른교실 외
이충무공 호국정신 계승 나라사랑 백일장 및 사생대회	해군 진해기지사령부
나라(독도)사랑 글짓기 국제대회	(재)독도재단
전국 초·중·고등학생 아름다운 편지쓰기	아름다운교육신문, 아름다운편지운동 본부
기록사랑 공모전	행정안전부 국가기록원
사회통합 기초질서 지키기 공모전	(사)건강사회운동본부
청소년 인권콘서트 작품 공모전	여성가족부
전국 청소년 세금 문예작품 공모전	국세청
소중한 문화재 우리가 지켜요! 문화재 사랑 그림엽서와 글짓기 공모전	문화재청
전국 청소년 저작권 글쓰기 대회	한국저작권위원회, 문화체육관광부 외
Young Reporters for The Environment 국제 청소년 환경 미디어 콘테스트	환경교육재단 한국사무소 외
어린이 제품안전 그림·글짓기 공모전	한국제품안전관리원 외
충·효·예 전국 글짓기 공모전	국제신문, (사) 충·효·예 실천본부

3 논설문은 어떤 순서로 쓰나요?

다음 글을 읽어 보세요.

> 오늘은 고집이네 학교에서 글쓰기 대회를 여는 날입니다. 고집이는 한 번도 글쓰기 대회에서 상을 받은 적이 없습니다. 엄마와 아빠는 고집이가 쓴 글을 칭찬했는데 말이에요. 고집이는 이번에는 꼭 상을 받겠다고 생각하며 어젯밤 엄마, 아빠가 하신 말씀을 떠올렸습니다.
> '고집아, 엄마 생각에는 네가 글씨를 너무 엉망으로 써서 그런 것 같아.'
> '아빠 생각도 그래. 고집이가 글씨를 아무렇게나 쓰니까 선생님이 제대로 안 읽으시는 것 같아.'
> 엄마, 아빠의 말씀을 떠올리는 사이, 선생님은 칠판에 '휴대폰 사용 중독'이라는 말을 쓰셨습니다. 그것을 본 고집이는 원고지에 예쁜 글씨로 '휴대폰 사용을 줄이자'라는 제목을 쓴 후 글을 쓰기 시작했습니다.

많은 어린이가 고집이처럼 글씨를 잘 쓰면 좋은 점수를 받는다고 생각하지요. 틀린 말은 아닙니다. 글씨가 예쁘면 읽기가 편하니까요. 아무리 내용이 좋아도 어떤 글자인지 알아볼 수 없다면 그 글을 평가할 수 없기 때문에 상을 주기가 어렵겠지요? 하지만 글씨만 잘 쓴다고 해서 상을 받을 수 있는 것은 아닙니다.

대회가 시작되면 거의 모든 학생들이 "시~~~작!"과 동시에 마치 100m 달리기를 하듯 무작정 원고지 위로 뛰어 들어가지요. 하지만 그렇게 글을 쓰면 내용이 뒤죽박죽되기 쉽습니다. 생각이 정리되지 않았기 때문이지요. ==글을 잘 쓰려면 먼저 내용을 '설계해야' 합니다.== 글을 설계한다는 것은 '계획을 세워서 글을 쓴다'는 말입니다. 고집이가 글쓰기 대회에서 상을 받지 못한 것은 글씨가 엉망인 것뿐만 아니라 글을 계획해서 쓰지 않았기 때문일 가능성이 높습니다. 논설문은 논리적으로 자기 의견을 주장하는 글이기 때문에 더 꼼꼼하게 설계해야 합니다. 논설문을 설계하는 순서는 크게 네 가지입니다.

첫째, **주제**를 잡아라
둘째, **소재**를 놓아라
셋째, **내용**을 더해라
넷째, **평가 기준**에 맞게 고쳐라

이대로 설계하면 아주 좋은 글을 뚝딱 만들 수 있어요.
지금부터 논설문 잡으러, 렛츠 고!

논설문 쓰기 1
납득되는 주제 정하기

다시 고집이 이야기를 떠올려 봅시다. 선생님이 칠판에 쓴 '휴대폰 사용 중독'은 '주제'가 아니라 글을 쓸 '소재'입니다. 많은 학생이 이 점을 착각하지요. 이 때문에 글이 산으로 갔다가 바다로 갔다가 하염없이 떠돌아다니게 됩니다.

어떤 대회도 '주제'를 제시하지는 않습니다. 주어진 소재를 보고, 주제는 스스로 생각해 내야 합니다. 소재는 글을 쓸 재료고, 주제는 그 재료에 대한 글쓴이의 생각을 말합니다. 논설문은 읽는 사람이 내 생각대로 따라 주기를 바라는 마음으로 쓴 글이기 때문에 단지 '내 생각은 이래'라고 해서는 안 됩니다. '내 생각은 이러니까 너도 이렇게 해야 해'라는 주제를 보여 줘야 하지요. 그래서 논설문의 주제는 주로 '~하자', '~하지 말자', '~해서는 안 된다'가 되고, 주제가 그대로 주장인 경우도 많습니다.

선생님은 '휴대폰 사용 중독'을 어떻게 했으면 좋겠다는 건지 제시하지 않았습니다. 이것은 소재일 뿐이라서 그렇습니다. 여러분은 이 소재를 가지고 주제를 만들어야 해요. 주제를 만드는 방법은 세 가지 정도가 있어요.

초급: 소재에 대해 긍정/부정으로 주제를 만든다
- 휴대폰을 알맞게 사용하자
- 휴대폰을 많이 사용하지 말자

중급: 소재에 대한 긍정/부정의 효과나 필요성으로 주제를 만든다
- 휴대폰을 적절히 사용하여 휴대폰 중독을 막자
- 우리의 건강을 위해 휴대폰을 많이 사용하지 말자

고급: 주장을 통해 이루고자 하는 목적을 주제로 만든다
– 올바른 휴대폰 사용으로 우리의 건강을 지키자
– 자신의 휴대폰 사용 습관을 점검하여 휴대폰을 알맞게 사용하자
– 현명한 휴대폰 사용으로 우리의 삶을 더 개선시키자

주제를 만들기 어려울수록, 쓸 내용이 많을수록 어려운 단계가 됩니다. 초급 단계를 먼저 살펴볼게요. '휴대폰을 많이 사용하지 말자'로 주제를 정했다고 해 봅시다. 그런 뒤에는 이 주제를 뒷받침하는 근거를 생각해 내야 합니다. 주제를 보고 '왜?'라는 질문을 던진 뒤에 그에 맞는 대답을 생각해 보세요. 그 대답이 바로 주제를 뒷받침하는 근거가 됩니다.

주제: 휴대폰을 많이 사용하지 말자

왜?

휴대폰을 많이 사용하면 건강을 해친다
휴대폰을 많이 사용하면 시간을 낭비한다

초급 단계로는 이 정도의 주제를 생각할 수 있습니다. 그럼 이번에는 고급 단계를 살펴보겠습니다.

> **주제: 자신의 휴대폰 사용 습관을 점검하여 휴대폰을 알맞게 사용하자**
>
> **왜?**
>
> 휴대폰 사용 습관을 점검하면 휴대폰 때문에 시간을 낭비하지 않는다
> 휴대폰 사용 습관을 점검하면 휴대폰 때문에 건강을 해치지 않는다
> 휴대폰 사용 습관을 점검하면 스스로 조절하는 힘이 생기기 때문에 부모님과 휴대폰 사용으로 충돌하지 않는다

　이처럼 주장을 통해 이루고자 하는 목적을 주제로 삼으면 근거가 더 풍부해지고 쓸 내용이 많아질 수 있어요. 내용이 많아야 근거가 겹치거나 부족하지 않아요.

　또 고급 단계처럼 주제를 만들면 글이 뻔해지지 않아요. 누구나 예상할 수 있는 글이 되지 않는 거죠. 휴대폰을 많이 사용하면 시간을 낭비하고 건강을 해치게 된다는 것은 누구나 다 알고 있습니다. 그래서 그런 내용으로 글을 쓰면 읽는 사람은 다 아는 내용이라 뻔하다고 생각해서 끝까지 읽고 싶지 않을 거예요. 그러므로 고급 단계처럼 '이루고자 하는 목적'을 주제로 만드는 것이 좋습니다. 처음부터 고급 단계로 주제를 잡는 것은 어려울 수도 있으니 초급 단계부터 차근차근 연습해 보세요. 논설문을 쓰는 첫 번째 단계는 '참신한 주제를 정하는 것'입니다.

연 습 하 기

예시 답안 **241**쪽

다음 소재에 대한 논설문 주제를 만들어 보세요.

바르고 고운 말

초급: 긍정/부정	
중급: 긍정/부정 효과	
고급: 목적	

물 아껴 쓰기

초급: 긍정/부정	
중급: 긍정/부정 효과	
고급: 목적	

논설문 쓰기 2
주제와 관련된 소재 찾기

이제 앞서 잡은 주제로 여러 가지 소재를 떠올리고 그것을 알맞은 자리에 놓아 봅시다. 그러려면 일단 생각 떠올리기, 그물망 그리기, 마인드맵 등 여러 방법을 통해서 주제와 관련된 소재를 많이 떠올려야 합니다. 공책에 자유롭게 써 보세요.

주제와 관련된 소재 생각하기

주제와 관련된 것을 아무거나 마구마구 떠올려 보세요. 많이 떠올릴수록 좋습니다. '어? 내가 잘못 생각한 것은 아닐까?'라는 걱정은 마세요. 일단 다양하게 여러 가지를 떠올리는 것이 중요합니다. 이 소재에는 주제와 관련된 사례, 주제에 대한 이유 등 다양한 것이 포함됩니다. <u>단, 반드시 주제와는 관련이 있는 것만 생각해야 합니다.</u> 아래는 '자원을 낭비하지 말자'라는 주제를 보고 여러 가지 생각한 것입니다.

자원을 낭비하지 말자 → 석유로 많은 제품을 만들어 버림 → 석유가 거의 사라지고 있음 → 석유가 귀해져서 석유가 나는 나라는 부자가 되고 강해짐 이상한 점을 찾았나요? 뒤로 갈수록 주제와 관련 없는 내용이 나옵니다. 바로 앞 내용에 연결된 것을 생각하는 것이 아니라, 한 가지 소재를 떠올렸으면 거기서 끝내고 다시 주제에 집중해서 다른 소재를 생각해야 합니다. 그리고 꼭 어딘가에 적어 두세요. 시간이 지나면 잊어버리기 쉬우니까요.

선택하고 순서 정하기

다음 단계에서는 앞서 써둔 여러 소재 중에서 글로 쓸 만한 것들을 선택해야 합니다. 그리고 글의 어느 부분에 어떤 내용을 놓을 것인지를 결정해야 합니다. 논설문이 전개되는 순서대로 소재를 떠올릴 수 있다면 좋겠지만, 보통 그렇게 되지 않아요. 그래서 소재의 순서는 글의 내용에 맞게 나중에 다시 정리해야 하는 경우가 많습니다. 다음은 '자원을 낭비하는 습관을 바로잡자'라는 주제로 여러 소재를 떠올려 본 것입니다. '자원'하면 떠오르는 전기/종이/물을 적고, 자원 낭비 사례와 그러면 안 되는 이유, 해결책도 적었습니다. 이렇게 생각나는 것을 전부 적고, 사례는 사례끼리 해결책은 해결책끼리 모은 다음에 쓸 순서를 정하면 됩니다.

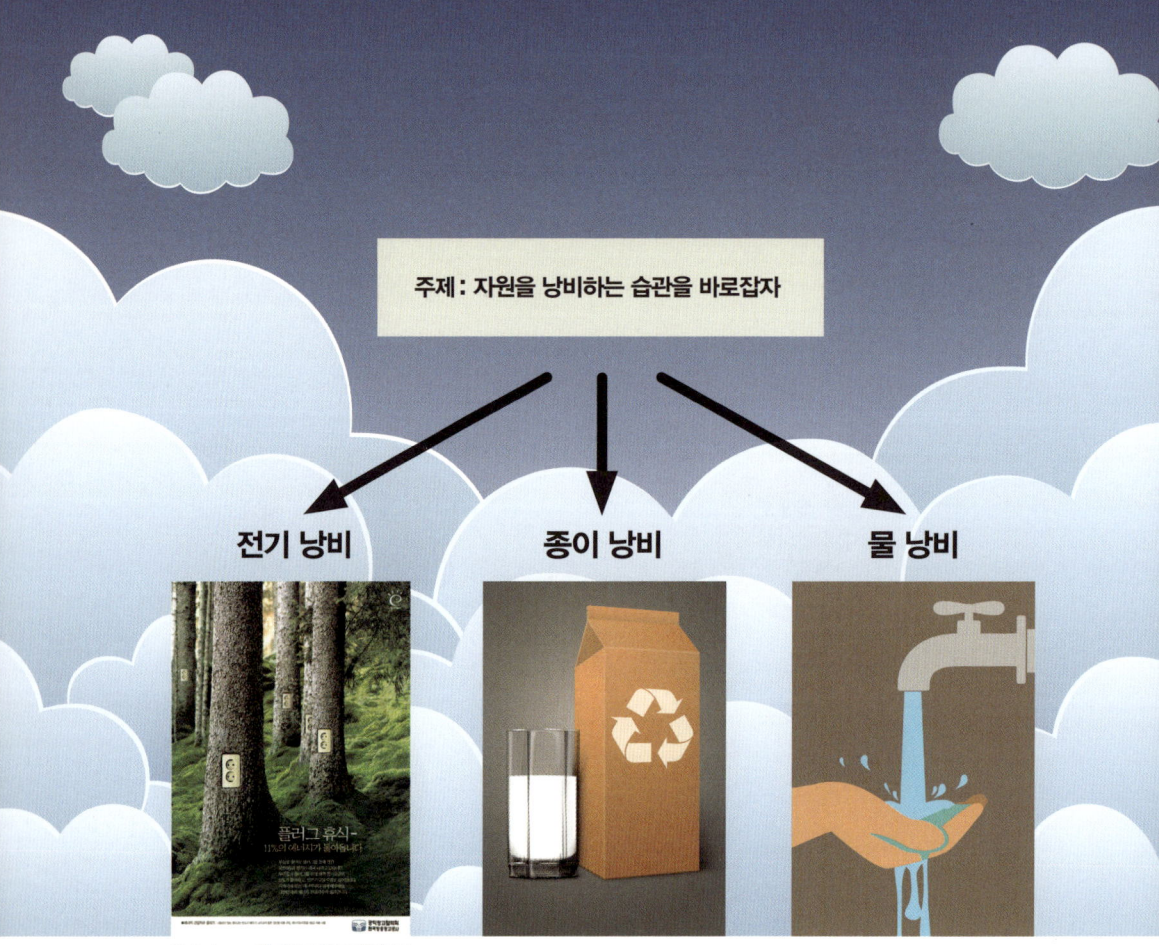

이것을 정리하면 아래처럼 구성할 수 있을 겁니다. 번호는 글을 쓸 순서를 의미합니다.

전기 낭비
① 불이 훤하게 켜진 아무도 없는 화장실 (낭비 사례)
② 문을 열어 놓은 교실에서 작동되는 에어컨 (낭비 사례)
③ 계단을 이용하기 싫어 3층 교실까지 엘리베이터를 타는 어린이 (낭비 사례)

종이 낭비
① 색종이의 가운데를 오린 다음 나머지를 버린 일 (낭비 사례)
② 다 쓴 연습장을 부모님이 보시고 아껴 쓰라고 한 일 (낭비 사례)
③ 학교 화장실 휴지를 아주 길게 뜯어 쓴 일 (낭비 사례)
④ 깨끗이 말린 우유 갑은 휴지로 바꿀 수 있음 (해결책)
⑤ 종이 앞뒤로 쓰기 (해결책)

물 낭비
① 물을 틀어 놓은 채 이 닦기 (낭비 사례)
② 물 부족 국가 (낭비하면 안 되는 이유)

연습하기

예시 답안 **241**쪽

1 다음을 보고 주제를 자유롭게 써 보세요. 그리고 논설문을 쓸 것을 하나 정하세요.

> 학교 폭력

주제 1 _____

_____

주제 2 _____

_____

2 주제와 관련된 내용을 자유롭게 써 보세요. 같은 내용끼리 묶은 다음, 쓸 순서를 정해 번호를 붙이세요.

	1번에서 고른 주제를 적으세요	

논설문 쓰기 3
여러 방법으로 내용 더하기

앞서 논설문으로 쓸 내용을 마련했습니다. 요리로 따지자면 필요한 재료를 준비하는 거죠. 이제는 그 재료로 본격적인 글을 쓰는 과정입니다. 이미 글의 틀을 잡아 두었기 때문에 살만 붙이면 됩니다. '살을 붙인다'는 것은 문장을 더 만들어서 내용을 풍부하게 한다는 뜻입니다. 내용에 살을 붙이는 가장 쉬운 방법은 주제와 관련한 자세한 주장과 그렇게 생각한 이유, 내 주장에 대한 근거를 덧붙이는 것입니다.

이유를 덧붙여 내용 늘리기

주제: 에너지를 낭비하지 말자

주장: 전기를 낭비하는 습관을 고쳐야 한다

화장실은 이용할 때에만 불을 켜자. → 화장실을 이용할 때에는 불을 켜야 한다. 어두우면 손을 씻거나 용변을 볼 때 불편하기 때문이다. 일을 보고 나올 때에는 불을 켰던 이유가 사라졌으므로 불을 끄는 것이 맞다. 하지만 그러지 않는 사람이 많다. 이처럼 필요 없는 상황에서 전기를 낭비하는 습관은 고쳐야 한다.

파란색은 살을 붙인 내용입니다. 원래 썼던 한 문장에 살을 붙임으로써 문장이 늘어났지요. 이런 식으로 내용을 더하면 한 편의 글이 뚝딱 나옵니다.

근거를 뒷받침하는 내용 쓰기

논설문에는 '주제'에 대한 글쓴이의 '주장'이 있습니다. 그 주장에 대한 근거가 있고, 근거를 뒷받침해 주는 내용이 나오면서 논설문이 완성됩니다. 예를 들어, "즐겁게 생활하자"라는 주제에 "즐겁게 생활하면 건강해진다"를 주장으로 들었다고 칩시다. 그럼 저 주장이 정말인지 그 이유가 궁금할 수 있겠지요? 이 질문에 대한 대답이 근거가 됩니다. 근거는 주장에 대한 이유기 때문입니다. 그러니 근거에 대한 뒷받침 내용은 주장에 대한 이유의 이유가 되는 셈이지요.

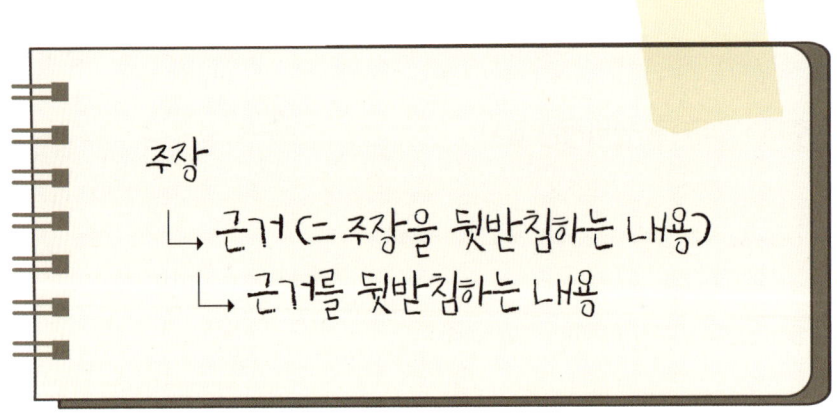

논리적 생각으로 근거 뒷받침하기

근거를 뒷받침하는 내용을 쓸 때는 신문 기사나 속담, 전문가의 의견 등 여러 가지를 활용할 수 있어요. 또는 나의 논리적인 생각도 근거를 뒷받침해 주는 내용이 될 수 있습니다. 아래 글이 어떤 식으로 근거를 뒷받침하고 있는지 집중하면서 읽어 보세요.

주제: 즐겁게 생활하자

주장: 즐겁게 생활하면 건강해진다

즐겁게 생활하면 화를 내는 일이 줄어든다. 화를 낼 때 우리 몸은 어떠하였는가? 가슴이 두근거리고 얼굴이 빨개지고, 숨이 가빠졌을 것이다. 이러한 신체의 반응은 곧 긴장했다는 것을 나타낸다. 화를 계속 내서 몸이 계속 긴장하게 되면 아마 우리의 몸이나 마음의 건강은 나빠질 것이다. 하지만 즐겁게 생활한다면 화를 내는 일이 줄고 우리 몸은 긴장을 하지 않게 된다. 또 그만큼 우리의 몸과 정신이 건강해진다.

밑줄이 근거, 파란색이 뒷받침 내용입니다. 이 글은 '나의 논리적인 생각'만으로 근거를 뒷받침하는 내용을 썼어요. 글의 내용을 간단히 표현하면 이렇습니다.

　　　　즐겁게 생활하면 건강해진다. ▶ 주장

 왜?

　　　　화를 내지 않으니까 ▶ 근거(주장에 대한 뒷받침 내용)

 화를 내지 않으면 건강해지나?

　　　　화를 내지 않으면 몸이 긴장하지 않으니까 건강해진다 ▶ 근거에 대한 뒷받침 내용

전문가 의견으로 근거 뒷받침하기

이번에는 '전문가의 의견'으로 근거를 뒷받침하는 내용을 써 보겠습니다.

주제: 즐겁게 생활하자

주장: 즐겁게 생활하면 건강해진다

즐겁게 생활하면 화를 내는 일이 줄어든다. 화는 건강을 나쁘게 하는 원인 중 하나다. 어떤 정신 건강 전문 의사에 따르면 화를 낼 때에는 가슴이 두근거리고 얼굴이 빨개지고, 숨이 가빠지면서 몸이 긴장하게 된다고 한다. 이렇게 계속 몸이 긴장하면 건강이 나빠진다. 그러므로 화를 내지 않고 즐겁게 생활을 하는 것은 우리 몸을 건강하게 하는 일이 된다.

내용은 비슷하지만, 독자가 받는 느낌은 조금 다릅니다. 일반적으로 독자는 전문가의 의견에 더 신뢰감을 느끼기 때문입니다. 이 부분에 대해서는 205쪽에서 더 자세히 다루겠습니다.

해결 방법으로 내용 늘리기

모든 논설문이 [주장-근거-근거에 대한 뒷받침 내용]으로 구성되는 것은 아닙니다. [주장(해결 방법)-해결 방법의 필요성/효과] 형태의 논설문도 있습니다. 앞서 나온 '에너지를 낭비하는 습관을 바로잡자'가 이렇게 구성된 글이에요.

이런 형태의 논설문은 근거를 제시하는 글과는 다른 방식으로 내용을 덧붙입니다. 바로 '해결 방법의 필요성/이유, 효과'를 쓰는 것이지요. 예를 들어 보겠습니다.

> **주제: 어린이 교통사고를 줄이자**
>
> **주장: 학교 앞에 불법주차를 하지 않아야 한다**

왜냐하면, 초등학교 저학년 학생의 경우 키가 작기 때문에 불법주차가 되어 있으면 횡단보도 너머로 차가 오는지 안 오는지를 보기가 어렵다. 그래서 신호등만 보고 길을 건널 수밖에 없다. 만약 신호를 보지 못하고 달리는 차가 있다면 사고가 나게 된다. 학교 앞에 불법주차를 하지 않으면 학생들은 차가 오는지 안 오는지를 쉽게 확인하고 횡단보도를 건널 수 있기 때문에 어린이 교통사고를 줄일 수 있다.

'어린이 교통사고를 줄이자'라는 주제에 대한 주장으로 '학교 앞에 불법주차를 하지 말자'라는 해결 방법을 제시하고 있습니다. 그러므로 이 해결 방법의 필요성/이유나 효과가 뒷받침 내용으로 나와야 합니다. 하나씩 보겠습니다.

학교 앞에 불법주차를 하지 않아야 한다. ▶ 주장(해결 방법)

왜?
불법주차 때문에 횡단보도를 건널 때 차가 오는지 보기 어렵다. ▶ 해결 방법의 필요성

불법주차를 안 하면 어떻게 되는데?
차가 오는지 잘 보이기 때문에 키가 작은 저학년 학생도 횡단보도를 건너야 할지 말아야 할지 정확하게 판단할 수 있다. ▶ 해결 방법의 효과

이렇게 여러 방법으로 논설문을 구성할 수 있습니다. 내가 쓸 논설문에 어떤 구조가 좋을지 미리 설계한다면 좀 더 쉽게 쓸 수 있어요.

연습하기

예시 답안 **242**쪽

아래 주장에 대해 '왜?'라고 질문하고, 답변을 써 보세요.

학교 앞에서 차의 속도를 줄일 수 있는 장치가 마련되어야 한다

왜?

즐겁게 생활하면 다른 사람과의 관계가 좋아진다

왜?

논설문 쓰기 4
전문적인 근거로 내용 더하기

다음 글을 읽고, 어떤 것이 더 믿음이 가는지 표시해 보세요.

1
좋은 습관을 가지는 것은 중요하다. 습관이 한번 생기면 그 사람의 일생 동안 지속되기 때문이다.

2
'세 살 버릇 여든까지 간다'는 말이 있다. 이처럼 습관은 평생 지속되기 때문에 좋은 습관을 가지는 것은 매우 중요하다.

3
물을 잘 마시면 건강에 도움이 된다. 한 비뇨기과 의사는 다양한 병으로 병원을 찾는 환자들에게 항상 '물을 많이 마시라'고 강조한다.

4
물을 잘 마시면 건강에 도움이 된다. 아침 공복에 마시는 물은 장의 운동을 활발히 하고, 낮에 마시는 물은 폐렴이나 기관지염 등 호흡기 질환 예방에 도움이 된다.

정답은 2번과 3번입니다. 왜 2번과 3번이 다른 것에 비해 더 믿음이 가는지 생각해 봅시다. 2번과 3번은 속담과 전문가의 의견을 근거의 뒷받침 내용으로 쓰고 있습니다. 1번과 4번이 근거를 뒷받침하는 내용이 글쓴이의 생각인 것에 비해 '근거에 대한 뒷받침 내용이 전문적'인 것이죠. 그렇다고 1번과 4번처럼 글쓴이의 논리로 근거를 뒷받침하는 것이 항상 믿음을 줄 수 없다는 뜻은 아닙니다. 예를 들어 글쓴이가 그 분야에 전문가인 경우라면 믿음이 가겠죠. 4번에서 글쓴이가 의사라면 내용을 모두 신뢰할 수 있습니다. 하지만 학생은 어떤 분야의 전문가가 아니므로 논설문에는 가능하면 믿을 만한 자료를 활용하는 게 좋습니다.

논설문에 쓸 신뢰도 높은 자료는 인터넷에 검색하거나 책이나 신문, 기사에서도 찾아볼 수 있어요. 특히 어린이 신문의 경우 어린이가 배워야 하는 내용을 기사로 쓰기 때문에 신문의 홈페이지에서 필요한 내용을 검색하면 좋은 자료를 찾을 가능성이 큽니다. 인터넷 홈페이지가 있고 많은 사람들이 이용하고 있으며 관련 지식이 많은 사람들이 모여 있는 곳에서 나온 정보라면 믿을 수 있으니까요.

의사, 변호사와 같이 특정한 분야의 전문가나 믿을 수 있는 기관/단체, '세 살 버릇 여든까지 간다'와 같은 속담, 믿을 수 있는 통계 자료 등을 사용해도 됩니다. 이렇게 전문가나 전문 단체가 발표한 의견 및 자료로 근거를 뒷받침한다면 내용을 더 믿을 수 있기 때문에 독자는 글쓴이의 생각에 더 쉽게 동의하게 됩니다. 그러니 논설문으로 상을 받으려면 믿을 수 있는 정보로 뒷받침 내용을 쓰는 것이 중요합니다.

이렇게 전문적인 내용으로 근거를 뒷받침하면 '주장-근거-뒷받침 문장' 구성도 간단해지고, 더 설득력이 있게 됩니다. 한 가지 예시를 더 들어 볼게요.

주장: 어린이도 체력을 길러야 한다!

가

앞으로 우리나라를 이끌어 갈 어린이들의 체력이 갈수록 떨어지고 있다는 소식이 매일 들린다. 뛰고 달리는 운동을 하는 어린이보다 책상에 가만히 앉아 공부하는 어린이가 더 많아졌기 때문이다. 어린이도 매일 꾸준히 운동해서 체력을 길러야 한다! 왜 그래야 할까?

첫째, 체력이 좋으면 친구들과 오래 뛰어놀 수 있다. 그렇게 친구들과 보내는 시간이 많아지고 재미있는 추억도 늘어난다. 하지만 체력이 떨어지면 놀다가도 중간에 쉬어야 해서 재미있게 놀던 흐름이 깨지게 된다. 이런 일이 자주 일어나면 친구들이 같이 노는 것을 싫어하게 될 것이고 결국 체력 때문에 친구 관계가 나빠질 것이다.

나

앞으로 우리나라를 이끌어 갈 어린이들의 체력이 갈수록 떨어지고 있다는 소식이 매일 들린다. 뛰고 달리는 운동을 하는 어린이보다 책상에 가만히 앉아 공부하는 어린이가 더 많아졌기 때문이다. 어린이도 매일 꾸준히 운동해서 체력을 길러야 한다! 왜 그래야 할까?

첫째, 체력이 좋으면 친구들과 오래 뛰어놀 수 있다. 체육진흥공단에서 1년 동안 꾸준히 체력을 향상시킨 어떤 학생은 친구와 오래 뛰어놀 수 있게 되면서 친구 관계가 좋아졌다고 어린이 신문사와 인터뷰하기도 했다. 이처럼 체력은 친구와의 관계에 큰 영향을 준다.

가와 나 중에서 신문 기사를 뒷받침 내용으로 쓴 나가 더 독자에게 신뢰감을 줄 거예요. 이렇게 근거를 어떤 내용으로 뒷받침하느냐에 따라 논설문의 설득력이 달라집니다.

자, 논설문에 내용을 더하는 방법을 정리해 봅시다.
❶ 주제에 따라 문제 해결이나 주장에 대한 근거 중에 어떤 것을 쓸지 판단한다. 그리고 이것을 문장으로 표현한다.
❷ ❶을 뒷받침할 수 있는 믿을 만한 내용을 찾아서 문장으로 표현한다.

 **연습하기**

아래 논설문에 근거와 뒷받침하는 내용을 써 봅시다.

주장: 산에 케이블카 설치를 금지해야 한다

"이것은 우리나라에서 가장 긴 케이블카입니다. 여러분은 지금부터 멋진 바다 위를 나는 기분을 느끼실 수 있을 겁니다."

한 예능 프로그램의 출연자가 신이 나서 한 말이다. 하지만 나는 이 말이 무척 슬프게 들렸다. 우리나라에서 가장 긴 케이블카를 설치하기 위해 소중한 자연이 얼마나 파괴되었을까를 생각했기 때문이다.

이곳뿐만이 아니다. 전국 유명한 산 곳곳에 케이블카 설치가 추진되고 있다. 케이블카가 있으면 많은 관광객이 방문한다. 그만큼 수익을 얻을 수 있다. 하지만 산에 케이블카를 설치하는 것은 다음과 같은 점에서 신중할 필요가 있다.

첫째, 케이블카를 설치하기 위해서는 어쩔 수 없이 자연을 훼손해야 한다.

 **연습하기**

둘째, 관광객이 오는 만큼 쓰레기가 발생하기 때문에 소중한 자연환경이 파괴될 수 있다.

셋째, 관광객이 오지 않으면 케이블카 처리가 곤란해진다.

나의 것도, 너의 것도 아닌 우리 모두의 것. 바로 우리 국토다. 우리 국토에 있는 산과 강, 바다는 특정한 이익을 위해서 이용해서는 안 된다. 국토는 우리만의 것이 아니라 우리 후손의 것이기도 하니까 말이다.

논설문 쓰기 5
평가 기준에 맞게 고치기

논설문을 쓰는 과정은 ① 주제를 잡고, ② 여러 생각과 소재를 떠올린 뒤 적당한 자리에 놓고, ③ 근거/해결 방법으로 내용을 더하고, ④ 글을 고치는 것까지 총 네 단계입니다.

1, 2 단계는 글을 설계하는 단계였습니다. 실제로 글을 쓰는 단계는 3단계고 그 글의 완성도를 높이는 것은 이번 4단계입니다. 어떤 사람은 4단계는 굳이 필요 없다고 생각할지도 몰라요. 하지만 이 부분이 빠지면 좋은 글이 나올 수 없으니 끝까지 집중!

유명한 요리사도 음식이 잘 되었는지를 확인하기 위해 꼭 '맛'을 봅니다. 만약 음식의 맛이 내 생각과 다르다면 어떻게 할까요? 싱거우면 소금을 더 넣을 것이고, 짜다면 물을 더 넣겠지요. 맛을 보고 요리를 수정하는 것처럼, 글을 다 쓴 후에 읽어 보고 수정해야 해요. 이것이 바로 논설문 쓰기 4단계에서 배울 내용입니다.

글을 고친다는 것은 틀린 글자를 고치는 것만을 의미하는 건 아닙니다. 틀린 글자는 물론이고, 글의 내용도 더 좋은 방향으로 고쳐야 합니다. 다음 글을 읽고 평가해 봅시다.

논설문의 평가 기준

가

편견 없는 다문화 사회를 만들자

"어? 쟤는 피부색이랑 생김새가 우리랑 다른데? 쟤, 동남아에서 왔나 보다. 엄마가 동남아 사람인가 보네."

이런 말이 익숙한가요? 어딘가 어색하다는 생각은 들지 않나요? 왜 이런 말을 할까요? 그리고 왜 '엄마'가 동남아에서 왔다고 생각할까요? 그것은 우리가 편견에 사로잡혀 있기 때문입니다.

우리나라가 다문화 사회가 된 지 오래되었습니다. 하지만 사람들은 아직도 동남아에서 온 사람들을 얕잡아 보고 무시합니다. 이런 일이 많으니 사람들은 자신이 다문화 가정 출신인 것을 밝히기 꺼려합니다. 이제는 이런 문화가 없어져야 합니다. 편견을 버리고 있는 그대로 서로를 이해하는 사회가 되어야 합니다.

가를 평가하기 앞서 논설문의 평가 과정을 살펴봅시다. 대회에는 여러 명의 심사위원이 공정한 평가를 위해서 '평가 기준'을 가지고 작품을 봅니다. 그렇다면 논설문의 평가 기준은 무엇일까요?

논설문 평가 기준

1. 주제가 적절한가?
2. 주장이 타당한가?
3. 근거가 적절하고 믿을 수 있는가?
4. 근거에 따른 뒷받침 내용이 타당하고 믿을 수 있는가?

위의 기준으로 가를 평가해 볼까요. 먼저 가의 내용을 정리하면 이렇습니다.

첫째 문단: 피부색이랑 생김새가 다르면 동남아에서 왔고, 어머니가 동남아 사람이라고 생각하는 편견에 사로잡혀 있다.

둘째 문단: 우리나라가 다문화 사회가 된 지 오래되었지만 사람들은 아직도 동남아에서 온 사람을 얕잡아 본다.

가의 주제이자 주장은 '편견 없는 다문화 사회를 만들자'는 것입니다. 이것을 잘 드러내려면 우리 사회가 외국인에게 편견을 가지고 있고, 이 편견이 사회에 미치는 나쁜 점과 더불어 편견이 사라졌을 때 어떤 긍정적인 효과가 있을지가 나와야 합니다.

하지만 글에는 '얼굴 색깔이 다르면 어머니가 동남아에서 왔다고 생각한다'라는 주장만 나와 있고, 동남아 사람을 얕잡아 본다는 문제는 자세한 사례가 없습니다. 무엇보다 이런 상황이 사실인지도 알기가 어렵습니다. 주장만 있고 근거나 뒷받침 내용이 없는 것이죠. 즉, 2/3/4번 평가 기준에 부합하지 않습니다. 바로 이런 문제를 막기 위해서 4단계인 고쳐 쓰기가 필요합니다. 고쳐 쓰기를 위해 평가 기준을 하나씩 자세히 살펴보겠습니다.

주제가 적절한가?

먼저 글에서 다루려는 주제가 적절하고 가치가 있는지를 살펴보아야 합니다. 아래에서 적절하지 않은 주제를 찾아보세요.

독서

1. 책의 소중함을 알자
2. 독서를 하는 습관을 기르자

적절하지 않은 주제는 1번 '책의 소중함을 알자'입니다. 1번 주제는 '독서'보다는 책 자체의 가치나 소중함에 대한 내용이 될 수 있기 때문이죠. 그러므로 2번 주제나 '책을 통해 많은 진리를 이해하자' 정도로 주제를 정하는 것이 좋습니다. 하나 더 예를 들어 볼게요. 어떤 주제가 적절하지 않을까요?

독도

1. 우리 땅 독도에 관심을 가지고 보호하자
2. 독도를 알리자

정답은 2번 '독도를 알리자'입니다. 독도를 알리자는 것은 제주도처럼 우리나라에 있는 섬을 알리자는 의미로 해석될 수 있습니다. 하지만 독도에 대한 글은 보통 일본의 주장으로부터 독도를 보호하려는 목적이 있기 때문에 1번 같은 주제가 알맞습니다. 2번 내용을 주제로 삼으려면 '독도가 우리 땅임을 알리자'나 '독도에 대해 제대로 알고 독도를 보호하자'로 바꾸는 게 좋습니다.

주장이 타당한가?

 타당하다는 것은 <mark>이치에 맞는지, 실현할 수 있는지를</mark> 뜻합니다. 논설문은 자신의 주장을 담고 있는 글이에요. 그런데 내세우는 주장이 실제로 실천할 수 없는 것이면 그 논설문은 읽을 가치가 없게 되겠죠. 다음 중 <u>타당하지 않은</u> 주장은 어느 것인지 찾아보세요.

선플/악플
1. 모두가 하루에 10개 선플 달기 운동을 하자
2. 인터넷 실명제를 실시하여 악플을 달지 못하게 하자

실명제) 사용자의 실제 이름을 밝히는 제도

 정답은 1번이에요. 이 주장에서처럼 매일 10개씩 모든 사람이 선플을 달아야 할 이유가 없고, 실제로 그러기도 어렵기 때문에 타당하지 않습니다. 2번은 논란을 일으킬 수는 있지만, 그렇다고 실현이 불가능한 주장은 아니에요. 물론 나쁜 효과가 생길 수도 있기 때문에 모든 사람이 찬성하지는 않을 수 있어요. 하지만 그것은 인터넷 실명제를 실행했을 때 나오는 결과일 뿐, 이 주장 자체는 실현 가능성이 있기 때문에 괜찮습니다. 실현 가능성이 없는 타당하지 않은 주장의 다른 예시도 살펴봅시다.

한글 - 외래어를 사용하지 말자
올바른 식습관 - 채식을 하자
환경 보호 - 일회용품을 사용하지 말자

외래어) 외국에서 들어온 말로 국어에서 널리 쓰이는 단어

　예시에 나온 주장들은 실현할 수 없어요. 우리가 일상적으로 사용하는 물건 중 일부는 외국에서 만들어진 것이어서 외래어를 그대로 사용해야 합니다. 일부러 외래어를 우리말로 바꾸고 그 말만 사용하게 한다면 오히려 큰 혼란이 올 수 있어요. 예를 들면 컴퓨터나 TV 같은 것이 그렇죠. 또 채식이나 일회용품 사용 금지는 모든 사람이 실제로 실천하기 어려워요. 그렇기 때문에 모두 타당하지 않는 주장이에요.

근거가 적절하고 믿을 수 있는가?

　<mark>근거는 누가 읽어도 이해할 수 있어야 합니다.</mark> 아래 주장에 대한 근거 중 적절하지 않은 것을 찾아보세요.

주장	교통질서를 지키자
근거 1	교통질서를 지키지 않으면 사고로 우리의 목숨이 위태로울 수 있기 때문이다.
근거 2	교통질서를 지키지 않으면 이동하는 데 더 많은 시간이 걸릴 수 있기 때문이다.
근거 3	교통질서를 지키지 않으면 질서를 지킨 내가 오히려 손해를 볼 수 있기 때문이다.

　정답은 [근거3]이에요. 이것은 교통질서를 잘 지켜야 하는 이유로 적절하지 않아요. 교통질서는 사회 구성원끼리 더불어 살기 위한 장치로, 공동체 생활을 위해 지키는 것이지 자기가 손해를 보지 않기 위해서 지키는 것이 아닙니다. 하나 더 살펴봅시다. 적절하지 않은 근거를 찾아보세요.

주장	시간을 아껴 쓰자
근거 1	'시간은 금이다'라는 말처럼 시간은 매우 중요하기 때문이다.
근거 2	시간을 허비하면 꼭 해야 할 일을 하지 못하기 때문이다.
근거 3	시간은 누구에게나 공평하게 주어지기 때문이다.

이번에도 정답은 [근거3]이에요. 시간은 누구에게나 공평하게 주어진다는 것이 시간을 아껴 써야 하는 이유가 될 수 없기 때문입니다. 대신 '시간은 누구에게나 공평하게 주어지지만 어떻게 쓰는가에 따라서 효율적으로 일을 마칠 수 있기 때문이다'로 바꾼다면 타당한 근거가 될 수 있어요.

뒷받침 내용이 타당하고 믿을 수 있는가?

212쪽에 나왔던 가 는 주장에 대한 근거와 뒷받침 내용이 제대로 제시되지 않았어요. 이것을 믿을 만한 정보를 활용해서 바꿔 봅시다.

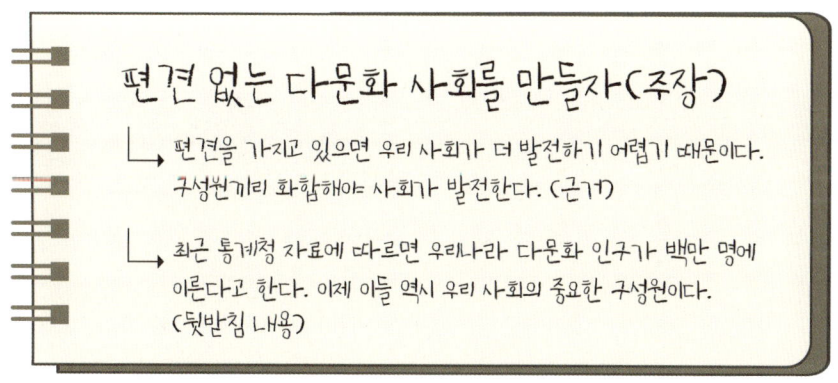

이렇게 평가 기준에 따라 글을 고쳐 나가야 좋은 글이 완성됩니다. 심사위원이 되었다고 생각하고 내 글을 고치는 연습을 해 보세요. 실력이 향상될 거예요.

연습하기

1 212쪽 〈편견 없는 다문화 사회를 만들자〉를 평가 기준을 생각하며 고쳐서 써 보세요.

피부색이랑 생김새가 다르면 동남아에서 왔고, 어머니가 동남아 사람이라고 생각하는 편견에 사로잡혀 있다.

힌트) 다문화 구성인에 대한 나쁜 편견과 그 예를 구체적으로 쓰세요.

우리나라가 다문화 사회가 된 지 오래되었지만 사람들은 아직도 동남아에서 온 사람을 얕잡아 본다.

힌트) 이것이 사회에 어떤 영향을 주는지 쓰세요.

2 여러분이 심사위원이라고 생각하고 다음 글을 평가해 봅시다.

독도는 나의 꿈

(가) 여러분! 독도는 어느 나라 땅일까요? 바로 우리나라 대한민국의 땅입니다. 그러나 요즘 일본은 독도를 일본 땅이라고 우기고 있습니다. 그래서 외국 사람들은 독도가 일본 땅인 줄 아는 사람도 있는데요. 때문에 우리나라 사람들은 열심히 독도는 우리 땅이라고 말합니다. 그럼 왜 이렇게 열심히 독도를 지키려고 하는 것일까요?

(나) 첫째, 독도 밑에는 천연자원이 매우 많습니다. 하지만 아직은 우리나라 기술이 부족하여 캐내지 못하고 있는데요. 이 상황에서 독도를 일본에게 넘긴다면 우리나라는 많은 천연자원을 잃게 됩니다.

둘째, 독도에는 천연기념물, 해양 생물 등이 있습니다. 독도 자체가 천연기념물이고, 다른 천연기념물인 사철나무와 독도를 대표하는 섬기린초, 괭이 갈매기도 있습니다. 해양 생물은 살오징어, 부채꼴 산호, 도화새우 등이 있습니다. 이렇게 중요한 독도가 일본에게 넘어간다면 여러 해양 생물과 천연기념물 등이 사라질 것입니다.

셋째, 독도는 옛날에도 우리나라 땅이었습니다. 옛날 지도인 '팔도총도'에 보면 독도가 표기되어 있고, 일본 지도인 '대일본전도'에 보면 대충 봐도 독도는 어디에도 없습니다. 그리고 '세종실록지리기'에도 '독도와 울릉도, 두 섬이 울진현 정동쪽 바다에 있고, 두 섬은 거리가 멀지 않아 날씨가 맑으면 서로 바라볼 수 있다'라고 적혀 있으니 독도는 예나 지금이나 우리 땅입니다.

이렇게 중요하고 우리나라 땅인게 확실한데 자기 땅이라고 우기는 일본이 양심 없는 것이고 우리는 일본이 우기더라도 어떻게든 독도를 지켜야 합니다.

# 연 습 하 기

1) 채점 기준을 보고 점수를 매겨보세요. (각 10점 만점)

- 주제가 적절한가? _____ 점

- 주장이 타당한가? _____ 점

- 근거가 적절하고 믿을 수 있는가? _____ 점

- 근거에 따른 뒷받침 내용이 타당하고 믿을 수 있는가? _____ 점

2) 이 글에 해당되는 것을 모두 체크해 보세요. ✓

❶ 읽는 사람의 관심을 끌지 못한다 ☐

❷ 제목과 글의 주제가 잘 연결되지 않았다 ☐

❸ 주제에서 벗어난 내용이 있다 ☐

❹ 모든 근거가 타당하고 믿을 수 있다 ☐

❺ 틀린 글자가 많다 ☐

❻ 근거와 근거 자료가 서로 연결되지 않는다 ☐

❼ 읽는 사람에게 자신의 주장을 명확하게 전달하지 못한다 ☐

3) (가)와 (나)를 고쳐 써 봅시다.

(가) 여러분! 독도는 어느 나라 땅일까요? 바로 우리나라 대한민국의 땅입니다. 그러나 요즘 일본은 독도를 일본 땅이라고 우기고 있습니다. 그래서 외국 사람들은 독도가 일본 땅인 줄 아는 사람도 있는데요. 그래서 우리나라 사람들은 열심히 독도는 우리 땅이라고 말합니다. 그럼 왜 이렇게 열심히 독도를 지키려고 하는 것일까요?

(나) 첫째, 독도 밑에는 천연자원이 매우 많습니다. 하지만 아직은 우리나라 기술이 부족하여 캐내지 못하고 있는데요. 이 상황에서 독도를 일본에게 넘긴다면 우리나라는 많은 천연자원을 잃게 됩니다.

힌트
- 문제 상황을 말해서 내 주장이 나오게 된 이유를 밝힙니다.
- 주장이 글의 제목과 연결될 수 있도록 합니다.
- 내 주장과 관련이 없는 문장은 삭제합니다.

나만의 논설문 쓰기

1 교내에서 논설문 대회가 열렸습니다. 글제는 [진로, 나의 꿈]입니다. 이에 맞는 적절한 주제를 잡아 봅시다. 그리고 논설문으로 쓸 것을 하나 고르세요.

주제 1 _____

_____

주제 2 _____

_____

주제 3 _____

_____

2 1번에서 정한 주제에 어울리는 소재를 떠올리고, 쓸 순서를 정해 봅시다.

_____
_____
_____
_____
_____
_____
_____
_____
_____
_____
_____
_____

3 근거/뒷받침 내용/해결 방법 등으로 내용을 덧붙여 보세요.

1) 내용 더하기

___

2) 대략적인 서론 쓰기

___

3) 대략적인 결론 쓰기

4 이 과정을 통해 쓴 내용으로 한 편의 논설문을 완성해 보세요. 자기 노트에 편하게 써도 됩니다.

5 아래 평가 기준을 보고 내용을 고쳐 보세요.

- 주제가 적절한가?
- 주장이 타당한가?
- 근거가 적절하고 믿을 수 있는가?
- 근거에 따른 뒷받침 내용이 타당하고 믿을 수 있는가?

6 논설문은 대부분 교과서에서 보았던 형태 딱 하나를 떠올리기 쉽습니다. 하지만 논설문의 형태는 다양합니다. 글의 유형을 바꾸어 주장하는 내용을 담으면 느낌이 어떻게 다른지 확인해 보세요.

> **논설문의 여러 유형**
> · 편지 논설문: 안부를 전하면서 자신의 주장을 내세우는 것
> · 이야기 논설문: 자신의 주장을 이야기 형태로 만든 것
> · 이야기+논설문: 문제 상황을 이야기로 제시한 후에 논설문이 등장하는 것

가

우리 글자를 바르게 쓰자

요즘 바깥에 나가면 매우 요상한 간판을 많이 만날 수 있다. 도대체 저 말은 어디에서 나온 것인지 알 수 없는 글자로 가게를 소개하는 간판들이 줄지어 있는 모습을 보면 과연 저것이 올바른가 하는 생각이 든다. 우리 글자를 바르게 쓰는 것은 매우 중요하다. 특히 자라나는 청소년들이 우리 글자를 바르게 쓰지 않는다면 우리는 앞으로 큰 문제에 부딪히게 될 것이다. 우리 글자를 바르게 써야 하는 이유는 무엇일까?

우리 글자는 우리의 생각을 표현한다. 글자는 생각을 표현하기 위해 한 국가가 동일하게 사용하는 문자고 우리 글자는 한글이다. 하지만 'Do근Do근'이나 '이브로'와 같은 말은 우리 글자를 사용했음에도 우리의 생각을 정확하게 전달하지 못한다.

나

글자를 처음 배우는 내 동생 여빈이에게

　오늘도 엄마와 같이 가, 나, 다를 배웠을 여빈아! 우리 여빈이가 한글을 하나하나 익히면서 글자 배우기에 재미를 느끼는 것 같아 언니는 무척 기뻐. 아는 글자를 따라 읽는 여빈이를 보면 곧 언니와 같이 동화책도 읽을 수 있을 것 같아서 여빈이가 빨리 글자를 전부 배우면 좋겠다는 생각이 들었단다. 하지만 여빈아, 언니는 여빈이가 글자를 빨리 배우는 것보다 우리 글자를 바르게 쓰려고 노력하는 사람이 되었으면 더 좋겠다는 생각을 해. 언니가 쓰는 이 편지가 여빈이를 그런 사람이 되게 해 주면 좋겠어.
　여빈아, 우리가 좋아하는 가게 '이브로' 기억나니? 네가 그때 그게 무슨 뜻이냐고 물었지? 그래서 언니가 '입으로'라고 알려 줬더니 여빈이가 글자를 왜 저렇게 쓰냐고 했잖아. 우리 글자인데도 바르게 쓰지 않으니까 뜻이 잘 통하지 않은 거지. 여빈아, 이처럼 글자를 바르게 쓰지 않으면 생각을 제대로 전달할 수 없단다.

　가와 **나**는 '우리 글자를 바르게 쓰자'라는 공통된 주제를 가지고 있지만 글의 형태가 다릅니다. **가**는 자주 보던 논설문의 형식을 그대로 따르고 있고, **나**는 편지글에 주장하는 내용을 담고 있어요. 그래서 **나**가 읽는 사람이나 쓰는 사람 모두에게 좀 더 친근하게 느껴질 수 있습니다. 편지글의 특성상 읽는 사람의 이름을 부르거나 그 사람과 대화하듯이 쓰기 때문이에요. 무엇보다도 편지글은 시작할 때 좀 더 흥미롭게 구성할 수 있어요.

　이야기글과 편지글을 섞어서 주장하는 글을 쓸 수도 있어요. 글을 시작할 때 누구에게 편지를 쓰는 것인지 밝히고, 그 사람에게 이야기를 들려주는 형식으로 쓰는 겁니다.

7 224쪽에 쓴 글을 편지글 형태로 다시 써 봅시다. 자기 노트에 편하게 써도 됩니다.

정답

정답의 대부분은 참고용 예시 답안입니다.
이것을 참고하여 여러분만의 답을 만들어 보세요.

2장
동시

연습하기 52쪽
2번

```
우리집 강아지

우리집 강아지가
이리 저리 거실에 발자국을 남겨요.

반달 모양으로 달리고
별 모양으로 달리고

우리집 거실은
밤하늘 같아요.
```

[해설] 〈선생님 볼펜〉에서는 선생님이 맞은 것에 O, 틀린 것에 ☆을 표기해서 시험지가 우주처럼 보인다고 했어요. 이것을 〈우리집 강아지〉에서는 강아지가 만든 발자국이 반달, 별 모양이라 거실이 밤하늘 같다고 표현했어요.

연습하기 60쪽
1번
1) O   2) X   3) O

[해설] 1) 주제가 확실히 보여야 하고, 2) 특별한 사람만 공감하는 게 아니라 읽는 사람이 대부분 공감할 수 있는 주제여야 합니다. 3) 교훈은 직접적으로 표현하지 않는 것이 좋습니다.

2번
③ 슬픔

[해설] '할아버지 사진'이나 '까만 옷을 입은 엄마'라는 걸로 미루어 보아 할아버지가 돌아가셨기 때문에 엄마가 울고 있다는 것을 짐작할 수 있어요. 울고 있는 엄마의 모습을 통해 우리는 아버지를 잃은 엄마의 슬픔을 느낄 수 있어요.

연습하기 68쪽
[봄]
사건 1 이름이 '보미'인 친구를 애칭인 '봄'이라고 불러서 '봄'이라는 말만 나오면 그 친구가 떠오르는 것
사건 2 아빠와 같이 차를 타고 가다가 바람에 벚꽃 잎이 떨어지는 것을 보았는데 꼭 분홍색 눈이 날리는 것 같다고 생각한 일

[산]
사건 1 가족들과 함께 등산을 하는데 어린 아이가 나보다 산을 훨씬 잘 올라가서 부모님이 나를 놀렸던 일
사건 2 우리 학교에 있는 큰 모래 언덕을 산인 것처럼 올라타고 놀았던 일

연습하기 **74쪽** 법에 대한 자세한 설명은 73쪽을 참고하세요.

1번

> 내 친구 보미는 이름 때문에 별명이 '봄' 이다. ~~'봄이'나 '보미'가 발음이 똑같으니까 그냥 그게 별명이 되었다. 그래서 TV 나 노래에 사계절 봄/여름/가을/겨울 중에~~ 봄이 나올 때마다 보미가 떠오른다. ~~진짜 봄에도 보미가 떠오르는데~~ 별명이 봄이라서 그런가 보다.

2번

> **봄**
>
> 꽃밭 같은 ← **직유**
> 할머니의 봄 밥상
>
> 미나리, 쑥, 달래
> 할머니 밥상은
> 봄 들판 ← **은유**
>
> 보기만 해도 웃음이 나는
> 봄꽃 가득한 들판
>
> 보기만 해도 어여쁘다 하는
> 우리는
> 할머니의 봄꽃 ← **은유**
>
> 할머니에겐
> 우리가 봄인가 봐. ← **은유**

[해설] 직유는 [가 같은 나]처럼 표현하고, 은유는 [가는 나]처럼 표현합니다. 직유법과 은유

3번

> **친구**
>
> 내 친구 보미
> 별명이 봄인 보미
>
> 봄이라고 할 때마다
> 보미가 떠오른다
>
> 보미를 부를 때마다
> 봄이 가까이 온다
>
> 봄을 닮은 내 친구 보미

[해설] '보미, 때마다' 등 같은 단어를 반복하고, 2연과 구조가 같은 3연을 추가해서 운율을 더했어요.

연습하기 80쪽

1번

```
              추석

     추석이 되었어여.
     온 가족이 모였져.

     우리는 송편을 빚었어여.
     예쁜 모양으로 빚었져.
     내 건 망했지만 엄마 건 ㅇㅈ

     맛있게 먹었어여.
     즐거운 추석이에여.
```

문제점: 올바르지 않는 표현인 '여'와 '져'로 운율을 맞추고 있습니다. 또한 ㅇㅈ과 같이 인터넷에서 쓰는 용어이자 특정한 집단만 쓰는 은어를 사용하여 이 단어를 모르는 사람에게 공감을 얻기 어렵습니다.

2번
① 시에 등장하는 인물이 한 일이 너무 자세하여 시의 내용을 상상하기 어렵기 때문에

[해설] 이 시는 사건/소재를 너무 자세하게 설명해서 읽는 사람이 상상할 수 있는 재미를 주지 않습니다. 사건/소새는 읽는 사람이 여러 가지로 해석하고 상상하며 즐길 수 있도록 쓰는 게 좋습니다.

나만의 동시 쓰기 87쪽

7번

```
              사다리

     우웅

     소리내며
     입을 가득 벌려
     이삿짐을 꿀꺽 삼킨 사다리가

     달칵

     소리내며
     입을 가득 벌려
     이삿짐을 퉤 하고 뱉어낸다

     고것 참 무겁군

     가벼워진 사다리가
     기분 좋게 땅으로 내려온다
```

3장 생활문

연습하기 100쪽

1번

[안경]
주제 안경을 쓰면 세상이 더 잘 보인다 ➡ '안경을 쓰면 친구의 장점을 더 잘 볼 수 있을까?'라고 생각했다 ➡
1) 내 마음의 안경으로 친구의 좋은 점만 살펴보는 사람이 되고 싶다
2) 각자 가지고 있는 마음의 안경으로 친구의 장점만 살펴보도록 하자
[해설] 여러분은 뭐라고 썼나요? 딱 정해진 정답은 없습니다. 안경으로 떠올릴 수 있는 감동적인 주제는 아주 다양하니까요.

2번

[우리 가족]
주제 우리 가족은 화목하다 ➡ 서로 의견이 다르더라도 존중하는 것이 우리 가족이 화목한 비결이다 ➡ 가족끼리도 존중이 필요하다

[여행]
주제 우리 지역에서 유명한 서원을 방문했다 ➡ 가이드 선생님의 설명을 들으니 익숙했던 서원이 새롭게 보였다 ➡ 우리 지역의 또 다른 유명한 곳을 방문하여 몰랐던 것을 배우는 재미를 또 느끼고 싶다.

연습하기 106쪽

2번

[봉사]
주제 서로 봉사하겠다고 나서는 우리 반은 행복하다
사건 어느 순간부터 반 아이들이 서로 봉사를 하겠다고 나서서 모두가 행복하게 웃었던 일

[놀이터]
주제 친구와 함께 놀아야 더 재미있다
사건 그네 타는 것을 좋아하는데 혼자서 그네를 탔을 때 좋아하는 것도 혼자보다는 친구와 같이 해야 더 즐겁다고 생각한 일

연습하기 110쪽

1번

[여행]
주제 도서관으로 여행을 떠나자
사건 한여름에 부모님과 함께 더위를 피하려고 도서관에 왔다가 읽은 책이 너무 재미있어서 도서관에 자주 오게 되었고, 그 후로 도서관이 그 어떤 여행지보다 재미있다고 느꼈던 일
[해설] 남산도서관에서 열린 백일장이기 때문에 '도서관'과 글제인 '여행'을 연결했습니다.

2번

③ 이불
[해설] 밤새 나에게 이불을 덮어 주는 행동에서 자면서도 나를 걱정하는 엄마의 사랑을 느낄 수 있습니다.

연습하기   120쪽

1번

부끄러움

찌이이이익

누가 보지는 않았을까? 후다닥 책가방을 열어 김밥을 넣었다. 친구들은 다 예쁜 도시락인데….

부끄러워 계속 고개를 들 수 없었다. 엄마, 아빠에게 화가 난다. 어떻게 오늘 현장체험학습인 걸 모르실 수 있지? 학교 운동장에 모여 있던 친구들을 보지 않았다면 나는 아마 점심을 굶었을 거다. 아빠가 김밥을 사다 주셨지만, 친구들과 다른 도시락이 나는 너무 부끄러웠다.

[해설] 은박지로 싼 김밥을 숨기려고 서둘러 가방을 여는 소리와 행동으로 이야기를 시작하고 있습니다.

2번

설거지

우리 집은 가족이 돌아가면서 설거지를 한다. 오늘은 형아가 당번이다. 나는 벌써부터 긴장이 되었다. 왜냐하면 형아는 설거지를 싫어하기 때문이다. 형아는 싫어하는 일을 할 때 짜증을 엄청 낸다. 그러면 나는 형아 눈치만 살살 본다. 설거지를 싫어하는 형아는 벌써부터 인상을 쓰면서 목소리도 괴상하게 내었다.

"어휴, 설거지, 어휴 설거지."

형아의 목소리에 짜증이 덕지덕지 앉았다.

"민찬아!"

역시나, 형아는 그 짜증을 나에게 풀려나 보다. 이럴 때는 가만히 있어야 한다.

"형아가 몇 번을 말하니? 밥그릇 물에 꼭 담궈 놓으라고."

"응."

대답했는데도 신경질이 잔뜩 난 형아는 풀리지 않았나 보다.

"민찬아! 이렇게 그냥 두면 밥풀이 굳어서 설거지가 잘 안 된다고."

[해설] 싫어하는 일을 할 때 짜증을 내는 형의 성격을 알리면서 이야기를 시작하고 있습니다.

| 연습하기 | 124쪽 |

> 미래 달력 만들기가 끝났다. 발표하기 순서가 되었다.
> '내 순서는 안 왔으면….'
> 의사가 꿈인 현수의 발표를 들을 때에도 여행작가가 꿈인 규연이의 발표를 들을 때에도 나는 내 순서가 안 왔으면 좋겠다는 생각만 했다. 다른 친구의 달력에는 모두 자신이 꿈꾸는 것이 잘 나타나 있는데 나의 달력에는 그런 것이 없었기 때문이었다.
> '나는 말로만 꿈을 꾸었던 걸까?'
> 내가 꿈꾸었던 바리스타는 무엇을 하는 사람일까? 훌륭한 바리스타가 되기 위해서는 어떤 노력을 해야 하는 걸까? <u>깊은 고민 없이 꿈만 꾸었던 나의 달력에는 하얀 빈 칸만 가득했다.</u> 꿈을 꾸는 것도, 그 꿈을 위해 노력해야 하는 것도 결국 나인데, '내 꿈은 바리스타'라고 말하는 내 말 뒤에 나의 노력은 보이지 않아 부끄러웠다. 꿈을 꾸기만 해서는 이룰 수 없다는 당연한 사실을 오늘 미래 달력 만들기를 통해 다시 한 번 깨닫게 되었다. <u>텅 빈 칸을 가득 채우고 꿈꾼 것을 이루기 위해 노력하는 내가 되어야겠다.</u>

[해설] 글쓴이는 달력의 빈 칸으로 꿈을 이루기 위해 노력하지 않았던 자신에 대한 아쉬운 마음과 앞으로 꿈을 이루기 위해 노력하겠다는 결심을 나타내고 있습니다.

| 연습하기 | 128쪽 |

1번

[흥부와 놀부]
- 은혜 갚은 제비
- 흥부는 어떻게 부자가 되었을까?

[금도끼 은도끼]
- 그 우물에서 있었던 일
- 쇠도끼가 금도끼가 되었다고?

[의좋은 형제]
- 달님만 아는 이야기
- 그 사이 좋은 형제에게 무슨 일이 있었을까?

2번

1) 할머니의 문자
   할머니, 제가 가르쳐 드릴게요
   우리 할머니가 문자하신 날
2) 참새 잡이
   멋진 사나이가 되는 법
   〈정글의 법칙〉처럼 노는 날

나만의 생활문 쓰기   130쪽

1번 힘

2번 주제 : 말은 힘이 세다. 가족에게 함부로 말하지 말자

3번
사건 1 나쁜 일이 생겨도 항상 기분 좋게 말을 하는 친구가 있는데 이 친구가 하는 말을 들으면 기분이 좋아지고 나쁘다고 생각했던 일도 나쁜 일이 아닌 것처럼 느껴진다
사건 2 우리 엄마는 내가 어떤 친구 때문에 기분이 나쁘다고 하면 차근히 생각해 보자고 하시면서 하나하나 질문을 하시는데 이 질문에 답하다보면 친구의 잘못이 아주 큰 잘못이 아닌 것처럼 생각될 때가 있다
사건 3 저녁을 먹다가 형이 나에게 장난을 쳐서 내가 "좀 그렇게 하지 좀 마."라고 크게 소리를 질렀는데, 엄마가 형을 많이 혼내시면서 "한 번 싫다고 표현하면 그걸 존중해 줘."라고 하셨다.

5번
사건 3을 선택해서 쓴 예시입니다.

> "좀 하지 마."
> 내가 생각해도 정말 큰 목소리였다. 하지만 그 순간 나는 화를 참을 수 없었다. 벌써 몇 번째인지 모른다. 내가 싫다는 그 행동을 형이 나에게 한지….
> 일이 터진 건 한가로운 토요일 저녁이었다. 우리 부모님은 토요일 저녁 식사를 매우 중요하게 여기신다. 두 분 다 일을 하시기 때문에 온 가족이 모여 편안하게 저녁 식사를 할 수 있는 날이 토요일밖에 없기 때문이다.
> 그런 날, 내가 큰소리를 질러 버린 것이다.

6번

> "윤우야, 미안."
> 나는 형의 사과를 듣고도 '괜찮다'는 말이 나오지 않았다. 나도 형처럼 '싫어'라는 말을 대수롭지 않게 생각했던 적이 많았기 때문이다.
> "아니야, 형. 내가 미안해. 내가 저번에 형이 하지 말라고 했을 때 까불고 장난친 거 그거 미안해. 그리고 형이 형 샤프 쓰지 말라고 했는데 그거 자꾸 꺼내쓴 것도 미안하고."
> 나는 그만 왈칵 눈물을 쏟았다. 내가 우는 것을 보고 형은 나를 꼭 껴안아 주면서
> "괜찮아. 윤우야. 내가 더 미안해."
> 하며 울었다.
> 그 때, 달칵 소리가 나더니 버너에 불이 확 하고 붙었다. 그러더니 곧 삼겹살 굽는 냄새가 나기 시작했다. 형과 나는 울다가 눈을 떠 무슨 상황인지 살펴보았다. 아빠가 상추쌈을 입에 넣으시면서 말씀하셨다.
> "안 먹으면 아빠가 다 먹어버린다."
> 형과 나는 얼른 젓가락을 들고 삼겹살을 집었다. 형이 나에게 상추쌈을 주면서 말했다.
> "윤우야, 많이 먹어. 엄청 사랑해."
> 힘이 센 말 한 마디 "사랑해"가 나의 마음을 몰캉몰캉하게 했다. 그리고 그날 저녁을 아주 행복하게 해 주었다.

7번
혹시 힘이 센 '말'을 알고 계시나요?

4장
독서 감상문

연습하기 150쪽

책의 인물 소개(샬롯의 거미줄)

샬롯은 거미다. 거미가 거미줄을 치는 것이 뭐가 이상할까 싶다. 이상한 것은 제목에는 안 나온 이 책의 주인공 위버다. 주인공 위버는 돼지다. 이 무슨 이상한 조합이란 말인가! 책의 주인공은 돼지인데, 제목은 거미라니? 엄청난 사연이 숨겨져 있을 것 같은 이 책은 위버가 어떻게 태어났는지를 소개하는 것으로 시작한다.

자신의 경험(우주 호텔)

딸랑, 딸랑
부모님과 식당에서 점심을 먹고 있는데 한 할아버지가 들어오셨다. 그런데 할아버지도, 가게 아저씨도 서로를 흘깃 볼 뿐 인사를 하지 않는다.
'뭐지?'
잠시 후 할아버지는 한쪽 귀퉁이에 쌓아 둔 박스 뭉치를 드셨다.
"고맙수."
"리어카 조심하세요!"
주방에서 큰 소리를 지른 주인 아저씨 말에 할아버지는 그저 고개만 끄덕이다 가게를 나가셨다. 그제야 가게 앞에 종이가 잔뜩 쌓인 리어카가 보였다. 할아버지는 한 걸음 한 걸음 천천히 리어카를 끌며 사라지셨다.
내가 만난 할아버지도 우주 호텔 속 할머니처럼 하늘을 못 보고 살고 계신 걸까?

책을 읽게 된 이유(초정리 편지)

초정리는 충청북도 청주시 청원구 내수읍에 위치한 곳으로 약수로 유명한 곳이다. 1444년 세종대왕은 이 초정 약수로 몸의 병을 치료하기 위해 121일 동안 여기에 머물렀다. 세종대왕은 넉 달 동안 여기서 무엇을 하였을까? 내가 〈초정리 편지〉를 펼친 이유는 바로 그 궁금증 때문이었다.

연습하기 159쪽

1번
건방진 도도군

2번

"야"라고 불리는 사모님 집에서 살던 강아지 도도는 너무 살이 쪘다는 이유로 갑자기 사모님 집에서 일하는 김기사의 어머니에게 버려진다. 김기사 어머니 집에는 도도처럼 사모님 집에 살다가 버려진 미미가 있었다. 미미와 도도는 자신이 버려졌던 것에 대해 많은 이야기를 나눈다. 그러던 어느 날 김기사가 다시 도도를 사모님 집으로 데려간다. 하지만 도도는 사모님 집을 탈출하여 진정한 자신의 주인을 찾기 위해 길을 나선다.

3번

반려동물이 자신의 진정한 주인을 찾겠다고 나선다는 이야기가 매우 신선했다. 이 책처럼 반려동물이 자신의 주인을 선택할 수 있다면 이 세상의 많은 주인은 '버려질' 것이다.

어느 날 갑자기 주인에게서 버려진 반려동물이 얼마나 불안함을 느낄지 생각해 볼 수 있었다. 이유도 모른 채 버려진 반려동물이 주인이 다시 자신을 찾아올까 기대하는 모습에 마음이 많이 아팠다.

남편을 '그 인간'이라고 부르고, 아내를 '야'라고 부르면서 서로를 존중하지 않는 부부가 과연 동물을 존중할 수 있을까.

연습하기　　　　　　　　　　168쪽

1번

- 반려동물을 진심으로 아끼고 사랑하자.
- 반려동물을 나를 표현하는 도구로 생각해서는 안 된다.
- 내가 반려동물의 주인이라는 생각을 버리고 우리가 가족이라는 생각을 하자.
- 반려동물을 버리지 말자.
- 인간과 동등하게 소중한 생명인 동물을 존중하는 사회가 되어야 한다.

2번
반려동물을 진심으로 아끼고 사랑하자.

3번

"야"라고 불리는 사모님 집에서 살던 도도는 너무 살이 쪘다는 이유로 갑자기 사모님 집에서 일하는 김기사의 어머니에게 버려진다. 어느 날 갑자기 함께 살던 생명을 버릴 수 있는 사람은 도대체 어떤 사람일까? 나는 내가 정말 아끼는 인형을 버릴 때에도 마음이 무척 아팠는데 살아 있는 생명을 버리다니 어떤 마음을 가지고 있는 것일까? 도도는 자신이 버려진 것을 인정하지 못한 채 도도처럼 사모님 집에 살다가 버려진 미미를 만나게 된다. 미미와 도도는 자신이 버려졌던 것에 대해 많은 이야기를 나눈다. 그러던 어느 날 김기사가 다시 도도를 사모님 집으로 데려간다. 하지만 도도는 사모님 집을 탈출한다. 나라도 도도처럼 그 집을 나오려고 할 것이다. 사모님은 앞으로도 수많은 이유로 도도를 버릴 것이기 때문이다. 집을 나온 도도는 진정한 자신의 주인을 찾기 위해 길을 나선다.

이 책을 읽으면서 어느 날 갑자기 주인에게서 버려진 반려동물이 얼마나 불안함을 느낄지 생각해 볼 수 있었다. 이유도 모른 채 버려진 반려동물이 주인이 다시 자신을 찾아올까 기대하는 모습에 마음이 많이 아팠다.

또 다른 사람을 존중하지 않는 사람은 동물 역시 존중하지 않을 수 있다는 생각이 들었다. 남편을 '그 인간'이라고 부르고, 아내를 '야'라고 부르면서 서로를 존중하지 않는 부부가 과연 동물을 존중할 수 있을까.

> 이 책은 반려동물이 자신의 진정한 주인을 찾겠다고 나선다는 이야기가 매우 신선했다. 이 책처럼 반려동물이 자신의 주인을 선택한다면 이 세상의 많은 주인은 '버려질' 것이다. 어느 날 갑자기 이유 없이 버려졌던 도도처럼 말이다.

[해설] 빨간색 글씨는 교훈과 내용을 매끄럽게 연결하기 위해 추가한 내용입니다.

2번

> 새로운 주인을 찾아 나섰던 도도가 결국 누구도 다른 누군가에게 '주인'이 될 수 없다는 것을 깨닫는 장면은 나에게 큰 파장을 일으켰다. 우리는 서로를 배려하고 존중하며 살아가야 할 존재이지, 누군가의 '주인'은 될 수 없다. 서로의 농등한 가치를 인정할 때 우리의 모습은 더욱 아름다워질 것이다.

연습하기 175쪽

1번

> 주인에게 버려졌던 도도의 이야기를 읽으면서 인간이 얼마나 다른 생명에게 존중받지 못할 행동을 하는지 반성해 보게 되었다. 풀 한 포기, 나무 한 그루의 생명도 '나'에게 의미 없는 존재처럼 버리지 않도록 살피고 또 살펴야겠다.

연습하기 177쪽

- 암탉은 왜 마당을 나왔을까?
- 우리 엄마의 꿈은 나래요
- 부모님의 사랑을 느낄 수 있는 〈마당을 나온 암탉〉을 읽고

나만의 독서 감상문 쓰기   178쪽

1번
갈매기에게 나는 법을 가르쳐 준 고양이

3번

검은고양이 소르바스는 베란다에서 죽어가던 갈매기를 만나고, 그 갈매기의 알을 받게 된다. 갈매기는 소르바스에게 알을 먹지 말아 달라고 부탁하고, 알에서 새끼가 태어나면 하늘을 나는 법도 가르쳐 주라고 소원을 빌고는 결국 세상을 떠난다.

한 번도 새끼를 키워본 적 없는 소르바스는 동네 고양이들의 도움을 받아 아기 갈매기를 키운다. 백과사전을 뒤져 갈매기에게 이름을 붙여 주고, 위험에 빠지지 않도록 도와주기도 한다.

하지만 어떻게 해도 나는 방법을 가르치지 못하자 인간을 찾아가기로 한다.

4번
- 다른 생각을 하고 다른 모습이더라도 우리는 서로 사랑할 수 있고 존중할 수 있다
- 나를 위해 희생하시는 부모님께 감사한 마음을 가지자

8번

❶ 소재/내용/인물로 시작하기

검은 고양이 소르바스는 엄청난 기대를 했을 것이다. 가족들이 모두 여행을 떠난다고 했을 때, 친구 고양이를 불러 맛있는 캔을 먹은 후 따뜻한 햇살이 비치는 베란다에서 한숨 푹 자면서 혼자 평화로움을 즐길 수 있다고 생각했을 것이다. 하지만 소르바스의 그 작은 소망은 석유를 뒤집어 쓴 갈매기가 베란다에 불시착하면서 산산조각이 나고 만다.

❷ 비슷한 자신의 경험으로 시작하기

"고마워요, 아빠."

흔히 하는 이 말이 이토록 가슴 찡한 것은 이 말을 하는 게 갈매기고, 듣는 이가 고양이기 때문만은 아닐 것이다. 한 번도 새끼를 키워 본 적 없는 검은 고양이가 어느 날 내던지듯 맡겨졌던 작은 갈매기를 소중히 지켜낸 것에서 부모님이 우리를 지키기 위해 열심히 노력했던 모습을 느꼈기 때문일 것이다.

❸ 책을 읽게 된 이유로 시작하기

"부모님 사랑해요. 더 효도할게요."

어버이날만 되면 쓰는 편지에 꼭 담겨있는 이 문구의 의미를 다시 생각해 보게 하는 책, 〈갈매기에게 나는 법을 가르쳐 준 고양이〉를 펼쳤다. 나는 이 책을 읽으면서 검은 고양이 소르바스에게서 우리 부모님을 봤고, 어린 갈매기 아포르뚜나다에게서는 나를 볼 수 있었다.

9번

> ❶ 깨달음을 내 삶에 적용하며 마무리
>
> 아포르뚜나다를 세상'의' 존재로 만들어 준 것은 목숨을 걸고서 알을 낳았던 엄마 갈매기 켕가였지만, 아포르뚜나다를 세상 '속' 존재로 만들어 준 것은 검은 고양이 소르바스였다.
>
> 이 책을 읽으면서 나와 모습이 조금 다르면 이상하게 생각했던 내 행동이 부끄러웠다. 다문화 가정의 친구에게도, 몸이 불편한 친구에게도 궁금한 시선을 던졌던 것이 매우 잘못된 행동임을 알게 되었다. 가족은 사랑으로 맺어지는 관계이지, 모습으로 맺어지는 관계가 아니라는 것을 이 책을 통해 다시 한 번 깨닫게 되었다.
>
> ❷ 깨달음으로 세상의 변화를 바라며 마무리
>
> 많은 이들이 아포르뚜나다가 고양이를 아빠라고 부른다고 비웃는다. 하지만 소르바스는 그 어떤 부모보다도 훌륭한 아포르뚜나다의 아빠다. 우리가 가족을 '얼굴이 닮은 존재'로 보지 않고 '서로 사랑하고 존중하며 아끼는 존재'라고 본다면 말이다.
>
> 지금도 우리는 다른 사람에서 나와의 '닮음'을 찾는다. 머리 색깔과 피부 색깔로 말이다. 아포르뚜나다와 소르바스처럼 우리도 다른 존재를 사랑하고 존중하며 아낄 수는 없을까?

10번

- 고양이가 갈매기에게 나는 법을 가르친다고?
- 우리 가족 이야기 들어 보실래요?
- 〈갈매기에게 나는 법을 가르쳐 준 고양이〉를 읽고
- 진정한 가족의 의미를 찾아서 떠나는 이야기

5장 논설문

연습하기 193쪽

[바르고 고운 말]

초급 긍정/부정	• 바르고 고운 말을 쓰자 • 욕설이나 비속어를 쓰지 말자 • 줄임말을 쓰지 말자
중급 긍정/부정효과	• 바르고 고운 말을 써서 건강한 언어생활을 하자 • 욕설이나 비속어를 줄여서 바른 언어 사용 습관을 만들자
고급 목적	• 욕설 없는 문화를 만들자 • 바른 언어 사용을 습관화하자 • 말을 통해 나의 가치를 높이자 • 우리 언어를 지키자

[물 아껴 쓰기]

초급 긍정/부정	• 물을 아껴 쓰자 • 물을 낭비하지 말자
중급 긍정/부정효과	• 물을 아껴 써서 물 낭비를 막자 • 물을 함부로 쓰는 습관을 고쳐 물을 절약하자
고급 목적	• 물 절약을 통해 자원을 보호하자 • 물의 가치를 소중히 여기자 • 물을 절약해서 환경 파괴를 막자

연습하기 198쪽

1번
[학교 폭력]

주제 1 누구나 오고 싶은 학교를 위해 학교 폭력을 없애도록 노력하자
주제 2 처벌 규정을 강화하여 학교 폭력이 일어나지 않도록 하자

2번

① 학교 폭력의 개념	② 학교 폭력의 처벌 규정	③-3 학교 폭력이 줄지 않는 이유에 대한 조사
③-5 다른 나라의 학교 폭력에 대한 처벌 사례	주제 처벌 규정을 강화하여 학교 폭력이 일어나지 않도록 하자	③-1 학교 폭력에 대한 처벌을 받지 않고 사회에 나와 유명인이 된 후 비난을 받은 사례
③-2 학교 폭력이 일어나는 이유	③-4 학교 폭력을 모른 척하는 사람이 많은 이유	

연습하기 204쪽

> 학교 앞에서 차의 속도를 줄일 수 있는 장치가 마련되어야 한다
>
> **왜?**
> 학교 앞에서 속도를 줄일 수 있는 장치가 있다면 운전자들이 속도를 줄이게 될 거야.
>
> **속도를 줄이면 어떻게 되는데?**
> 속도를 줄이면 사고가 나도 크게 다치지 않을 수 있어. 또 사고가 나는 순간에 다른 사람의 도움을 받을 수도 있어.

> 즐겁게 생활하면 다른 사람과의 관계가 좋아진다
>
> **왜?**
> 즐겁게 생활하면 항상 웃는 얼굴로 다른 사람을 대하게 되니까.
>
> **웃는 얼굴이면 다른 사람과의 관계가 좋아지나?**
> 사람들을 웃으면서 대하면 상대방과 내 기분도 좋아지고 관계도 좋아지지.

연습하기 209쪽

> 주장: 산에 케이블카 설치를 금지해야 한다
>
> "이것은 우리나라에서 가장 긴 케이블카입니다. 여러분은 지금부터 멋진 바다 위를 나는 기분을 느끼실 수 있을 겁니다."
>
> 한 예능 프로그램의 출연자가 신이 나서 한 말이다. 하지만 나는 이 말이 무척 슬프게 들렸다. 우리나라에서 가장 긴 케이블카를 설치하기 위해 소중한 자연이 얼마나 파괴되었을까를 생각했기 때문이다.
>
> 이곳뿐만이 아니다. 지금 우리나라 곳곳의 유명한 산에 케이블카 설치가 추진되고 있다. 케이블카가 있으면 많은 관광객이 방문한다. 그만큼 수익을 얻을 수 있다. 하지만 산에 케이블카를 설치하는 것은 다음과 같은 점에서 신중할 필요가 있다.
>
> 첫째, 케이블카를 설치하기 위해서는 어쩔 수 없이 자연을 훼손해야 한다.
>
>> 케이블카를 설치하려면 무거운 케이블카를 지탱할 철길과 지지대가 필요하다. 필요한 재료를 산 위로 나르기 위해서 많은 나무를 베어 길을 만들어야 한다. 이처럼 케이블카가 설치되는 장소뿐만 아니라 그 재료가 들어가는 길에서도 많은 나무가 사라지게 된다. 우리가 케이블카를 타고 높은 산에 올라가는 것은 아름다운 자연을 보기 위해서다. 그런데 그런 케이블카를 설치하기 위해 이 자연이 파괴되는 것이다.

둘째, 관광객이 오는 만큼 쓰레기가 발생하기 때문에 소중한 자연환경이 파괴될 수 있다.

> 케이블카가 설치되면 많은 사람들이 자연을 구경하러 찾아오게 된다. 실제로 많은 지방자치단체에서 케이블카 설치 이후에 관광객이 늘었다고 말했다. 관광객이 많이 오면 버려지는 쓰레기도 늘어난다.

셋째, 관광객이 더 이상 오지 않을 때가 되면 그 케이블카 처리가 곤란해질 수 있다.

> 케이블카가 처음 설치되면 관광객이 일시적으로는 많아진다. 하지만 시간이 흘러 케이블카가 있는 게 익숙해지고 시설이 낡게 되면 사람들은 점차 찾아오지 않게 된다. 그러면 결국 케이블카는 점점 사용을 하지 않게 된다. 케이블카는 유지하는 것과 없애는 것 모두 비용이 많이 들어서 나중에는 골칫거리가 될 수도 있다.

나의 것도, 너의 것도 아닌 우리 모두의 것. 바로 우리 국토다. 우리 국토에 있는 산과 강, 바다는 특정한 이익을 위해서 존재해서는 안 된다. 국토는 우리만의 것이 아니라 우리 후손의 것이기도 하니까 말이다.

연습하기 218쪽

1번

> 피부색이랑 생김새가 다르면 동남아에서 왔고, 어머니가 동남아 사람이라고 생각하는 편견에 사로잡혀 있다.
> → 피부색이 다른 사람이 지나가면 한 번씩 흘깃 본 경험이 있을 것이다. 이것은 피부색과 생김새가 다른 사람에 대한 '편견'을 보여 주는 행동이다. 왜냐하면 피부색이 다른 사람을 우리와 '다르다'고 생각하기 때문이다.

[해설] 피부색이 다른 사람을 우리와 다르다고 생각하는 것이 편견이고, 그 사람을 힐끔거리며 쳐다본 것이 그 구체적인 예시입니다.

> 우리나라는 다문화 사회가 된 지 오래되었지만 사람들은 아직도 동남아에서 온 사람을 얕잡아 본다.
> → 동남아의 일부 나라에 대해서 '가난하니까 불쌍하다'라고 생각하는 것은 나쁜 편견이다. 경제적인 발전이 느리다고 해서 그 나라를 '불쌍하다'고 생각하는 것은 오만한 일이다. 이런 오만은 지구촌 발전에 도움이 되지 않는다. 각 나라는 경제 상황과 상관 없이 고유한 문화를 가지고 있고 우리는 이것을 인정하고 존중해야 한다. 그래야만 글로벌 시대에 전 세계 나라와 더 화합하여 발전할 수 있는 것이다.

[해설] 나쁜 편견 때문에 오만한 태도를 가지게 되면 지구촌 발전에 도움이 되지 않지요. 이렇게 편견이 사회에 주는 영향을 설명하고, 그 편견을 없애야 하는 이유를 글로벌 시대에 살면서 발전하기 위함이라고 말하고 있습니다.

2번
1)
● **주제가 적절한가?**
4점 / 이 글의 주제는 '독도를 왜 열심히 지켜야 하는지 알고, 독도를 보호하자' 입니다. 주제만 보면 타당하지만, 제목에서 그 점이 잘 드러나지 않아서 아쉽다는 평가를 받을 수 있습니다.

● **주장이 타당한가?**
6점 / 일본과 영토 분쟁을 겪고 있는 독도를 지키자는 주장은 가치가 있으나 독도를 어떻게 지킨다는 것인지 명확하지 않습니다.

● **근거가 적절하고 믿을 수 있는가?**
6점 / 독도에 천연자원이 많다는 것과 그 자원을 캐내지 못한다는 것은 신뢰할 만한 근거가 없습니다. 천연기념물이나 해양생물이 많다는 내용 자체는 적절하나 이것이 일본에게 넘어간다고 해서 사라진다는 내용은 근거가 부족합니다. 역사적으로 독도가 우리나라 땅이라는 것은 옛날 지도나 역사 기록에 나온 것을 근거로 설명하고 있어 적절하고 신뢰도가 높습니다.

● **근거에 따른 뒷받침 내용이 타당하고 믿을 수 있는가?**
4점 / 이 글은 대체로 근거에 대한 뒷받침 내용의 출처가 부족한 편입니다.

2)
❶ 읽는 사람의 관심을 끌지 못한다 ✓
❷ 제목과 글의 주제가 잘 연결되지 않았다 ✓
❸ 주제에서 벗어난 내용이 있다 ✓
❹ 모든 근거가 타당하고 믿을 수 있다 ☐
❺ 틀린 글자가 많다 ☐
❻ 근거와 근거 자료가 서로 연결되지 않는다 ✓
❼ 읽는 사람에게 자신의 주장을 명확하게 전달하지 못한다

3)

> ## 우리가 독도를 지켜야 하는 이유
>
> (가)
>   왜 그럴까 싶습니다. 정말 이 정도로 잘못 알고 있는 것이 사실일까? 하는 생각도 듭니다. 네, 바로 독도에 대한 이야기입니다. 올림픽을 준비하는 일본이 독도가 자기 나라라고 표시한 지도를 인터넷에 올려서 큰 문제를 일으키고 있습니다. 끊임없는 일본의 도발에 우리가 독도를 지켜야 하는 이유는 무엇일까요?

[해설] 일본이 독도를 자기네 땅이라고 우긴 것은 최근에 일어난 일이 아니라서 삭제했고, 독도가 일본 땅인 줄 아는 사람도 있다는 것도 주장과 관련이 없으므로 삭제했습니다. 올림픽이라는 국제 행사와 연결해서 독도 문제에 관심을 가지게 할 수 있도록 수정했습니다.

> (나)
>   첫째, 독도는 우리 고유의 영토기 때문입니다. 각국의 영토는 오랜 시간을 지나 여러 가지 사건을 겪은 후 완성된 것입니다. 그래서 세계 각국은 자연스럽게 서로의 영토를 인정합니다. 왜냐하면 그것은 오랜 시간 굳어져 온 하나의 약속이기 때문입니다. 우리의 독도 역시 오랜 시간 우리 국민이 지켜온 곳이므로 우리의 땅입니다.

[해설] 나의 논리적인 생각과 오랜 시간 이어져 온 사실로 주장에 대한 근거를 대고 있습니다.

나만의 논설문 쓰기 222쪽

1번

주제 1 자신의 성격과 잘하는 것을 고려하여 진로를 생각하자
주제 2 꿈을 직업으로 한정하지 말자
주제 3 꿈꾸며 행동하는 사람이 되자

2번

> 주제 3 꿈꾸며 행동하는 사람이 되자
> ① 어린이들이 진로를 위해 노력하지 않는 상황
> ② 꿈을 꾸며 행동해야 하는 이유/실천하지 않으면 꿈은 실현되지 않는다는 사실/꿈을 위해 노력했던 인물
> ③ 더 구체적인 계획을 세울 수 있다는 이점

3번

1) 내용 더하기

> 꿈을 꾸며 행동해야 하는 첫 번째 이유는 실천하지 않는 꿈은 실현되지 않기 때문이다. 미래에 과학자가 되고 싶다는 꿈만으로는 실제로 내가 과학자가 되는 것은 아니다. 과학자가 되려면 탐구하는 능력이나 사물을 관찰하는 능력, 실험을 설계를 하는 능력을 모두 갖추어야 한다. (근거)
> 이러한 능력을 갖추었을 때 비로소 나에게 과학자라는 이름을 줄 수 있는 것이다. 육상 훈련과 1시간 30분이 넘는 빙상훈련을 매일 4번 이상 반복했기 때문에 지금의 김연아 선수가 있는 것처럼, 노력하지 않는 사람은 꿈을 실현할 수 없다. (뒷받침 내용)

2) 대략적인 서론 쓰기

> **꿈꾸며 행동하는 사람이 되자**
>
> 많은 어른들이 청소년들에게 꿈을 꾸라고 이야기한다. 꿈은 꿀수록 좋은 거라고 하면서 꿈이 없다고 말하는 청소년들이 안타깝다고 말한다. 그리고 꿈이 많은 청소년들에게는 칭찬과 격려를 아끼지 않는다. 그러한 영향 때문인지 많은 청소년들이 꿈을 꾸기 위해 노력한다. 하지만 행동에 옮기지 않고 꿈을 '꾸기만' 하면 되는 것일까? 꿈을 꾸고 행동해야만 하는 이유는 무엇일까?

3) 대략적인 결론 쓰기

> 아는 만큼 보인다고 했다. 꿈꾸는 미래에 대해 내가 아는 만큼 어떤 노력을 해야 하는지도 알 수 있을 것이다. 아는 만큼 실천하게 된다면 미래의 내 꿈에 도달할 가능성이 높을 것이다. 꿈을 이루기 위해 경험했던 모든 것이 오랫동안 기억에 남아 그 꿈을 향해 나아가는 징검다리가 될 것이기 때문이다. 꿈을 꾸는 그대여. 이제 그 꿈을 실천하기 위해 행동해야 할 때다.

4번

꿈꾸며 행동하는 사람이 되자

많은 어른들이 청소년들에게 꿈을 꾸라고 이야기한다. 꿈은 꿀수록 좋은 거라고 하면서 꿈이 없다고 말하는 청소년들이 안타깝다고 말한다. 그리고 꿈이 많은 청소년들에게는 칭찬과 격려를 아끼지 않는다. 그러한 영향 때문인지 많은 청소년들이 꿈을 꾸기 위해 노력한다. 하지만 행동에 옮기지 않고 꿈을 '꾸기만' 하면 되는 것일까? 꿈을 꾸고 행동해야만 하는 이유는 무엇일까?

꿈을 꾸며 행동해야 하는 첫 번째 이유는 실천하지 않는 꿈은 실현되지 않기 때문이다. 미래에 과학자가 되고 싶다는 꿈만으로는 실제로 내가 과학자가 되는 것은 아니다. 과학자가 되려면 탐구하는 능력이나 사물을 관찰하는 능력, 실험을 설계를 하는 능력을 모두 갖추어야 한다. 이러한 능력을 갖추었을 때 비로소 나에게 과학자라는 이름을 줄 수 있는 것이다. 육상 훈련과 1시간 30분이 넘는 빙상훈련을 매일 4번 이상 반복했기 때문에 지금의 김연아 선수가 있는 것처럼, 노력하지 않는 사람은 꿈을 실현할 수 없다.

두 번째 이유는 행동해야 꿈을 실현시킬 구체적인 계획을 마련할 수 있기 때문이다. 가령 제빵사가 되려고 하는 사람이 빵 반죽하는 방법을 연습한다고 해 보자. 이 사람은 연습을 통해서 빵 발효에 대한 공부가 더 필요하다고 생각했을 수도 있고, 빵에 들어가는 버터에 대해 공부를 해야 한다고 느꼈을 수도 있다.

만약 이 사람이 '제빵사가 될 거야'라고 꿈만 꾸었더라면 자신이 어떤 공부를 더 해야 하는지 알지 못했을 것이다. 이처럼 꿈은 꾸고 행동해야 자신이 아는 것과 잘 모르는 것, 자신이 잘 할 수 있는 것과 잘 할 수 없는 것 등을 알게 된다. 또 자신이 알지 못했던 다른 재능을 깨달을 수도 있다.

아는 만큼 보인다고 했다. 꿈꾸는 미래에 대해 내가 아는 만큼 어떤 노력을 해야 하는지도 알 수 있을 것이다. 아는 만큼 실천하게 된다면 미래의 내 꿈에 도달할 가능성이 높을 것이다. 꿈을 이루기 위해 경험했던 모든 것이 오랫동안 기억에 남아 그 꿈을 향해 나아가는 징검다리가 될 것이기 때문이다. 꿈을 꾸는 그대여. 이제 그 꿈을 실천하기 위해 행동해야 할 때다.

5번

- 주제가 적절한가?
- 주장이 타당한가?

10점 / '꿈을 꾸며 행동하자'는 주제/주장은 타당합니다.

- 근거가 적절하고 믿을 수 있는가?

10점 / 근거가 적절하고 주장을 잘 뒷받침하고 있습니다.

- 근거에 따른 뒷받침 내용이 타당하고 믿을 수 있는가?

6점 / 첫 번째 근거에 대한 자료로 김연아 선수의 사례를 들었기 때문에 납득이 갑니다. 하지만 두 번째는 오로지 글쓴이의 생각만으로 근거 자료를 제시하고 있으므로 타당성이 떨어집니다.

7번
편지글로 바꾸기

꿈만 꾸면 이루어진다는 마술에 빠진 친구들에게

나는 〈알라딘〉을 읽고 요술램프 속 지니를 무척 가지고 싶었어. 가지고 싶은 것을 말하면 그게 무엇이든 들어주는 지니. 만약 지니만을 생각하며 아무것도 하지 않는 사람이 있다면 우리는 그 사람을 어떻게 생각할까? 아마 허황된 '생각만' 한다고 비판할 거야.

그런데, 친구들아. 나는 저 사람처럼 가끔 허황된 생각만 하는 친구들을 볼 때가 있어. 그 친구들은 미래의 모습을 꿈꾸기만 할 뿐 노력하지 않지. 미래를 꿈꾸면서 행동에 옮겨야 하는 이유는 무엇일까?

꿈을 꾸며 행동해야 하는 첫 번째 이유는 실천하지 않는 꿈은 실현되지 않기 때문이야. 과학자가 되고 싶다는 꿈만으로 내가 과학자가 될 수 있는 것은 아니야. 탐구하는 능력이나 사물을 관찰하는 능력, 실험을 설계를 하는 능력을 모두 갖추었을 때 비로소 사람들은 나에게 과학자라는 이름을 줄 거야.

육상 훈련과 1시간 30분이 넘는 빙상 훈련을 매일 4번 이상 반복했기 때문에 김연아 선수가 올림픽 금메달을 딴 것처럼, 노력하지 않는 사람은 꿈을 실현할 수 없을 거야.

두 번째 이유는 꿈을 향해 행동해야 내 꿈을 실현시킬 구체적인 계획을 마련할 수 있기 때문이야. 가령 제빵사가 되려고 하는 사람이 빵 반죽하는 방법을 연습한다고 생각해 볼까? 이 사람은 연습을 통해서 빵 발효에 대한 공부가 더 필요하다고 생각했을 수도 있고, 빵에 들어가는 버터에 대해 공부를 해야 한다고 느꼈을 수도 있어. 만약 이 사람이 '제빵사가 될 거야'라고 꿈만 꾸었더라면 자신이 어떤 공부를 더 해야 하는지 알지 못했을 거야.

이처럼 실제로 행동해야 자신이 아는 것과 모르는 것, 잘할 수 있는 것과 잘할 수 없는 것 등을 잘 알게 되지. 또 알지 못했던 다른 재능을 깨달을 수도 있어.

아는 만큼 보인다는 말이 있어. 꿈꾸는 미래에 대해 내가 아는 만큼 내가 어떤 노력을 어느 정도 해야 하는지 알 수 있을 거야. 아는 만큼 실천하게 된다면 미래의 내 꿈에 도달할 가능성이 높아지겠지? 꿈을 이루기 위해 경험했던 모든 것이 오랫동안 기억에 남아 그 꿈을 향해 나아가는 징검다리가 될 거야. 꿈을 꾸는 친구들아. 이제 그 꿈을 실천하기 위해 같이 행동하자.